**アレンジ自在！
簡単レシピで特別な一品に**

シェフのフレンチ作りおき

前川純一

くびら出版

はじめに

　料理人になってから20年以上たちましたが、いまでも新しい料理や味を求めています。一方で変わらないおいしさがあることも改めて感じます。

　忙しい生活のなかでは、日々の献立も同じものの繰り返しになりがちです。それでも5分あれば新しい料理を試す余裕もできます。ふだんと違う料理は、味だけではなく気分も明るくしてくれます。この本では、みなさまに料理の楽しさを味わっていただけるレシピを考えました。

　食材やプロセスをシンプルにしても、十分おいしい料理はたくさんあります。ここではフランスの家庭料理を中心に、長年愛されているレシピをご紹介しています。そのなかで和のテイストを少し加えて「前川流」のアレンジをしています。フランスを訪れたとき、フランス料理に醬油はもちろん、柚子こしょうやのりといった和の素材を気軽に取りいれているのを見て、はっとしました。おいしければいい、枠にとらわれない考え方が大切だと気づいたのです。レモンや柚子、唐辛子もスパイスと考えれば料理のアイデアも広がります。レシピは目安ですので、ぜひ自由な発想でご自分の味を見つけてください。

　この本で料理の楽しさ、新しいおいしさを知っていただければシェフとしてうれしく思います。

前川純一

CONTENTS

はじめに…… 3
本書の構成、保存のポイント、本書について…… 7
本書で使用するおもな調味料…… 8
おわりに…… 99
素材別索引…… 100

第1章　前菜・副菜の作りおき　　9

オリーブのマリネ…… 12
ギリシャ風野菜のマリネ…… 12
紫キャベツのマリネ…… 13
きのこのオイルマリネ…… 13
野菜のハーブ漬け…… 15
トマトとみょうがのピクルス…… 15
れんこんの柚子漬け…… 16
パプリカのビネガー漬け…… 16
キャロットラペ…… 19
わさび風味トマトサラダ…… 19
きゅうりのサラダ、スパイスクリームあえ…… 20
アンチョビ入りポテトサラダ…… 20
オリーブとトマトのハーブサラダ…… 22
[アレンジ]　小海老とギリシャ風野菜のマリネ…… 22
[アレンジ]　きのこマリネのオイルパスタ…… 23
[アレンジ]　ポテトサラダと紫キャベツのバゲットサンド…… 23
野菜のコンソメスープ…… 24
ガスパチョとカッペリーニ…… 25
クラムチャウダー…… 26
ポタージュ・ボン・ファム…… 27
豚肉のリエット…… 30
ブランダード…… 30
焼きなすのタプナード…… 31

生ハムのクリームディップ…… 31

モッツァレラチーズとバジル、トマトジュレがけ…… 32

焼きパプリカとセミドライトマトの煮込み…… 33

ズッキーニの香草パン粉焼き…… 35

ラタトゥイユ…… 35

アッシェ・パルマンティエ…… 36

長ねぎのグラタン…… 37

長いものソテー、ローズマリー風味…… 39

ジャーマンポテト…… 39

大根のコンソメ煮…… 40

なすのバルサミコ煮…… 41

プティ・ポワ・フランセ…… 43

栗とくるみとたまねぎの軽い煮込み…… 43

ミックスきのこのフリカッセ…… 44

トマトのプロヴァンス風…… 45

イカのタプナードあえ、しそ風味…… 47

エスカベッシュ…… 47

タコとパプリカ、ラヴィゴット・ソースあえ…… 48

刺身の生ハム締め…… 49

あさりのフラン、ロワイヤル仕立て…… 50

海老のナージュ、ハーブの香りで…… 51

帆立のエスカルゴ・バター焼き…… 52

牡蠣のコンフィ…… 53

鶏ハムのツナ・ソース…… 55

スパイスミートボールのトマト煮込み…… 55

キッシュ風野菜オムレツ…… 56

鶏レバーと砂肝のコンフィ…… 57

塩豚ボイル、マスタード風味バルサミコ・ソース…… 58

第2章　主菜の作りおき　59

タラのバスク風…… 60

アレンジ　バスク風スパゲティーニ…… 61

アレンジ　魚介と豚肉のスペイン風煮込み…… 61

白身魚となす、トマトの香草オーブン焼き…… 63

海老のポテトグラタン…… 63

サーモンのクリーム煮…… 64

アレンジ　サーモンとカマンベールチーズ、りんごのグラタン…… 65

| アレンジ | サーモンの豆乳鍋仕立て…… 65
白身魚のポシェ、アイオリ・ソース…… 66
タコとイカのアンチョビ・バターソテー…… 67
手羽先とじゃがいものコンフィ、ローズマリー風味…… 68
カルボナード…… 69
鶏もも肉と切り干し大根のトマト煮…… 71
鶏もも肉のガランティーヌ…… 71
コック・オ・ヴァン…… 72
| アレンジ | チキンシチュー…… 73
| アレンジ | チキンのチーズ焼き…… 73
ポークソテー、ピクルスと白ワインのソース…… 74
豚ばら肉のココナツ煮、スパイス風味…… 74
ポテ…… 76
| アレンジ | だしたっぷりリゾット…… 77
| アレンジ | フランス田舎風スープパスタ…… 77
牛肉のプロヴァンス風煮込み…… 78
| アレンジ | ビーフ・ホットサンド…… 79
| アレンジ | 牛肉のピラフ…… 79
ブルーチーズ・ラザニア…… 80

第3章　デザートの作りおき　81

ぶどうのスムージー…… 82
ほうじ茶のブランマンジェ…… 83
プティ・ポ…… 84
ファーブルトン…… 85
アップルパイのシナモン風味…… 87
ガトーショコラ…… 87
グレープフルーツとオレンジのコンポート…… 88

第4章　ソースの作りおき　89

バルサミコ・ソース…… 90
ラヴィゴット・ソース…… 90
ヴィネグレット・ソース…… 91
フュメ・オリーブオイル…… 91

| アレンジ | しめさばとベビーリーフのサラダ…… 92
| アレンジ | 鯛のカルパッチョ…… 93
アイオリ・ソース…… 94
レムラード・ソース…… 94
エスカルゴ・バター…… 95
アンチョビ・バター…… 95
| アレンジ | チキンカツレツ…… 96
| アレンジ | 海老フライと野菜のフライ、アイオリ・ソース添え…… 97

本書の構成

　本書では簡単にフルコースを作ることができるように、前菜・副菜、主菜、デザート、ソースと4つの章で構成しています。
　前菜＋主菜、主菜＋デザートのような組み合わせのほか、料理を活かしたアレンジ例も紹介しています。

保存のポイント

・保存容器はあらかじめ洗って完全に乾燥させてください。
・密閉度が高く、収納しやすい容器がおすすめです。
・金属部分は酸や塩で腐食するので注意してください。
・本書に掲載している保存期間は密閉容器などに入れた場合の目安です。保存期間にかかわらず
　早めに食べることをおすすめします。

本書について

・材料の人数は目安です。
・特に記載のない場合の野菜は洗う、皮をむくなどの下処理をすませてからの手順となっています。
・特に記載のない場合の油はオリーブオイルを使用しています。
・塩はおもにゲランドの塩を使用しています。自然塩をおすすめします。
・卵はMサイズ（50g）を使用しています。
・1カップは200ml、小さじ1は5ml、大さじ1は15mlです。
・特に記載のない場合の火加減は中火です。加熱器具によって異なるため、加熱時間は目安です。
・オーブン調理は記載の温度に予熱してから食材を入れてください。

本書で使用するおもな調味料

シェリービネガー

シェリー酒を発酵さ
せて作る酢。褐色で
芳醇な香りと濃厚
な味わいをもつ。

バルサミコ酢

ぶどう果汁を煮つめ
てから熟成させた酢。
長期の樽熟成による
独特の芳香が特徴。

白ワインビネガー

ぶどう果汁を発酵さ
せた果実酢で、爽や
かな酸味とフルー
ティな香りをもつ。

りんご酢

りんご果汁を発酵さ
せた果実酢。りんご
の香りとフルーティ
な味わいが特徴。

ゲランドの塩

フランスのブルター
ニュ地方特産の海
塩。ミネラルを豊富
に含み、素材のよさ
を引きたてる。

エルブ・ド・プロヴァンス

タイムやセージなど、
フランスのプロヴァン
ス地方のハーブを混
ぜたミックス・ハーブ。

粒マスタード

原料のからし菜の
種を残したマスター
ド。マイルドな辛み
と酸味が特徴。

ディジョン・マスタード

フランスのディジョ
ン地方の伝統的な
製法によるマスター
ド。まろやかな風味。

第1章

前菜・副菜の作りおき

マリネ、パテ、サラダなど定番のほか、主菜にもなる魚・肉料理までバラエティに富んだ前菜・副菜を紹介します。マリネやサラダは、簡単アレンジで主食にもなります。

オリーブのマリネ
作り方→p.12

ギリシャ風野菜のマリネ
作り方→p.12

紫キャベツのマリネ
作り方→p.13

きのこのオイルマリネ
作り方→p.13

オリーブのマリネ

冷蔵3週間

フレッシュなグリーンと完熟のブラック、2種類のオリーブが楽しめます。ハーブは生のものを使うと香り高い仕上がりに。

材料（4人分）
グリーンオリーブ……100g
ブラックオリーブ……100g
オリーブオイル……¼カップ
フレッシュローズマリー……1本
　（またはドライローズマリーやエルブ・ド・プロヴァンス小さじ½）
フレッシュタイム……1本（またはドライタイム小さじ½）
ローリエ……1枚
にんにく……1片
黒こしょう……少々

1　オリーブは水けをしっかりきる。にんにくは薄切りにする。
2　保存容器にすべての材料を入れて全体をよくなじませ、一晩以上おく。

＊オイルが固まるので、食べるまえにしばらく常温に出しておきます。

ギリシャ風野菜のマリネ

冷蔵1週間

コリアンダーの爽やかな香りがポイント。旬の野菜を使って一年中楽しめます。一晩おくと、野菜にしっかり味がはいります。

材料（4人分）
れんこん……100g
赤、黄パプリカ……各1個
にんじん……⅔本（100g）
カリフラワー……⅙個（100g）
レモン……1個
にんにく……1片
オリーブオイル……½カップ
白ワイン……½カップ
コリアンダー（ホール）……小さじ2½
ローリエ……1枚
タイム……1枚
塩……小さじ1
こしょう……小さじ½

1　れんこんは皮をむいて5mm幅に切る。パプリカ、にんじんは1cmの棒状に切り、カリフラワーは小房に分ける。
2　鍋にオリーブオイルを少し（分量外）ひき、にんにく（庖丁でつぶす）、コリアンダー、ローリエ、タイムを入れて火にかける。香りが立ったら野菜を入れて塩とこしょうをふり、白ワインを加える。
3　ワインが全体になじんで水けが減ったら、オリーブオイルを入れる。弱火で5分煮て、野菜に少し硬さが残るくらいで火からおろす。
4　保存容器に3を熱いうちに入れてふたをし、余熱で野菜に火をとおす。冷めたら冷蔵庫に入れて一晩おく。

紫キャベツのマリネ

冷蔵1週間

弱火で炒めることで甘みが出ます。鮮やかな紫色が料理に華やかさを添えます。付け合わせのほかサンドイッチにも。

材料（4人分）
紫キャベツ……¼個（300g）
白ワインビネガー……小さじ4
オリーブオイル……大さじ1⅓
塩……小さじ1
こしょう……小さじ½

1 紫キャベツを千切りにする。
2 鍋にオリーブオイルを入れ、紫キャベツを焦がさないように気をつけながら炒める。途中で塩、こしょうを加えてなじませる。
3 キャベツが少し硬いくらいで炒めるのをやめて、火にかけたまま白ワインビネガーを入れる（キャベツの色合いが鮮やかになる）。酢のツンとする香りが飛んだら、火からはずす。

きのこのオイルマリネ

冷蔵2週間

きのこは3種類以上入れると、味に深みが出ます。ローズマリーの香りが食欲をそそる、アレンジしやすい便利なマリネ。

材料（4人分）
舞茸……100g
しめじ……100g
マッシュルーム……100g
ローズマリー……2本
にんにく……½片
オリーブオイル……1カップ
塩、こしょう……各小さじ½

1 きのこは石づきを取りのぞき、食べやすい大きさに切る。にんにくは庖丁でたたきつぶす。塩こしょうをして、水けが出たらキッチンペーパーでふきとる。
2 鍋にオリーブオイル、にんにくとローズマリーを入れて火にかける。
3 にんにくとローズマリーの香りが立ってきたらきのこを入れる。ひと煮立ちしたら、火からはずす。

＊そのままでも、オイルごと温めてからでもおいしくいただけます。保存時は、きのこがオリーブオイルに完全に浸かるようにします。

野菜のハーブ漬け

冷蔵1週間

ハーブが香るフレンチ風漬物。サラダに加えるとジューシーな仕上がりに。野菜は少し大きめに切ると素材感が出ます。

材料（4人分）
水……2½カップ
赤、黄パプリカ……各1個
ズッキーニ……1本
たまねぎ……½個
塩……大さじ1⅔
エルブ・ド・プロヴァンス……小さじ1

1 ズッキーニとたまねぎは1cm幅、パプリカは1cmの棒状に切る。
2 鍋に水と塩を入れてひと煮立ちさせ、塩が溶けたら冷ます。
3 保存用パックに野菜と2を入れる（パックの空気を抜く）。
4 そのまま一晩おく。

＊野菜を漬けた液は、もう一度使えます。

トマトとみょうがのピクルス

冷蔵1週間

トマトとみょうがの新鮮な組み合わせのピクルス。みょうがの食感がアクセントに。脂の強い料理の口直しにもよく合います。

材料（4人分）
ミニトマト……10個
みょうが……3個
ピクルス液
　白ワインビネガー……100ml
　酢……100ml
　水……3カップ
　砂糖……⅓カップ
　塩……大さじ1
　こしょう……小さじ1
　唐辛子……½本
　にんにく（みじん切り）……½片分
　ローリエ……1枚
　グローブ……1本

1 トマトとみょうがは洗って水けをきる。
2 ピクルス液の材料をすべて鍋に入れ、ひと煮立ちしたら火からはずして冷ます。
3 トマトとみょうがをピクルス液に入れ、1日おく。1日たったら保存容器に移す。

＊漬けこみすぎるとトマトの食感が悪くなり、みょうがの風味も弱まるので、ピクルス液に入れておくのは1日にします。

れんこんの柚子漬け

冷蔵1週間

和風テイストのピクルス。サラダに入れたりきざんでタルタルソースに加えると、柚子の風味で新鮮な味わいが楽しめます。

材料（4人分）
れんこん……100g
柚子……½個
グラニュー糖……大さじ1
ピクルス液（p.15）

1 鍋にピクルス液の材料をすべて入れて火にかける。ひと煮立ちしたら火からはずして冷ます。
2 れんこんと柚子は1cm幅に切る。塩（分量外）を入れた湯でれんこんを3分ゆでる。
3 熱いうちにれんこんを保存容器に入れ、グラニュー糖をまぶす。柚子を加えてピクルス液を注ぎ、一晩おく。

＊ピクルス液は、れんこんが浸かるくらいの量を入れます。

パプリカのビネガー漬け

冷蔵1週間

加熱して甘みが増したパプリカをまろやかな合わせ酢が引きたてます。付け合わせはもちろん、そのままお酒の肴にも。

材料（4人分）
赤、黄パプリカ……各1個
にんにく……½片
たまねぎ……½個
オリーブオイル……大さじ1
白ワインビネガー……大さじ2
りんご酢……大さじ2
バジル……3枚
塩……小さじ½
こしょう……少々

1 にんにくとたまねぎはみじん切りにする。パプリカは1cmの棒状に切る。バジルはきざむ。
2 鍋にオリーブオイル、にんにくとたまねぎを入れ、焦がさないように炒める。たまねぎがすきとおるほど炒めたらパプリカを加える。
3 パプリカがしんなりしたら塩とこしょうをふり、白ワインビネガーとりんご酢（白ワインビネガー大さじ4でもよい）を入れる。
4 酢のツンとする香りが飛んだら、火からはずし、バジルを加える。

＊一晩おくと、パプリカに味がなじんでよりおいしくなります。

キャロットラペ

冷蔵1週間

定番のキャロットラペにナンプラーを加えてエスニックな味わいに。ピーラーでむくことで味がしみやすくなります。

材料（8人分）
にんじん……2本
白ワインビネガー……大さじ1
マスタード……小さじ1
ナンプラー……小さじ1
はちみつ……小さじ1弱
オリーブオイル……¼カップ
塩、こしょう……各小さじ½
チャービル（飾り用）……1枚

1　にんじんはピーラーでむく。にんじんをボウルに入れ、塩を混ぜて手でもむ。15分ほどおき、水けをしぼる。
2　別のボウルにはちみつ、マスタード、白ワインビネガー、オリーブオイル、ナンプラーを入れて混ぜ合わせる。水けをしぼったにんじんを入れ、全体をあえる。

＊ドレッシングの味が薄まるので、にんじんはしっかりとしぼって水けを取ります。

わさび風味トマトサラダ

冷蔵2日間

ユニークな組み合わせのサラダ。醬油を少しだけ入れるとわさびとなじみやすくなり、ドレッシングの風味も増します。

材料（4人分）
トマト……2個
わさび……適量（＊参照）
オリーブオイル……½カップ
醬油……大さじ½
塩（粗めのもの）、こしょう……各小さじ½
チャイブ……小さじ1

1　トマトは1cm幅に切り、皿に並べる。塩とこしょうをふり、わさびをまぶす。
2　ボウルにオリーブオイルと醬油を入れ、混ぜてなじませる。
3　1に2を回しかけ、みじん切りにしたチャイブをちらす。

＊わさびの量は切ったトマト1枚に対して小さじ1が目安ですが、お好みによって調整してください。

きゅうりのサラダ スパイスクリームあえ

冷蔵3日間（ソースのみ）

カレー風味のクリーミーなソースがおしゃれなサラダ。きゅうりの水けが出るので、クリームは食べる直前にあえます。

材料（4人分）
きゅうり……2本
生クリーム……大さじ2
ヨーグルト（無糖）……大さじ2
カレー粉……大さじ1
塩、こしょう……各小さじ½

1 きゅうりは3mm幅に切り、塩少々（分量外）をまぶす。しばらくおいて水けを出す。
2 ソースを作る。生クリームとヨーグルト、カレー粉をよく混ぜながら、塩とこしょうを入れて味を整える。
3 きゅうりの水分で味が薄まるのでソースだけ保存しておき、食べる直前にきゅうりとあえてカレー粉（分量外）をふる。

アンチョビ入りポテトサラダ

冷蔵3日間

アンチョビの塩けがきいた大人のポテトサラダ。きりっと冷やした白ワインによく合います。サンドイッチにもおすすめ。

材料（4人分）
じゃがいも……小5～6個（480g）
アンチョビ……20g
ゆで卵……2個
たまねぎ……¼個
マヨネーズ……⅓カップ強
にんにく（すりおろす）……1片分
塩、黒こしょう……各適量
パセリ……少々

1 じゃがいもはきれいに洗い、皮つきのまま、竹串がすっと通るくらいまで15分ほどゆでる。熱いうちに皮をむき、マッシャーや木べらなどでつぶす。
2 アンチョビは粗みじん切りにする。たまねぎはみじん切りにして塩（分量外）でもみ、しばらくおく。水にさらしてから、水けをしぼる。ゆで卵はみじん切りにする。
3 じゃがいもにアンチョビとにんにくのすりおろしを加え、混ぜ合わせる。
4 じゃがいもの粗熱がとれたらたまねぎ、マヨネーズを加えて混ぜる。味がたりないようなら、塩と黒こしょうで味を整える。パセリをふる。

＊3のじゃがいもは切るように混ぜ、アンチョビの香りをじゃがいもに移します。

「オリーブのマリネ」と「わさび風味トマトサラダ」をアレンジ
オリーブとトマトのハーブサラダ

ハーブで香り高く、オイルでつややかに。彩りも鮮やかでおもてなしにも。

材料（4人分）
オリーブのマリネ（p.12）……100g
わさび風味トマトサラダ（p.19）のトマト
　……3切れ
ハーブ（チャービル、ディルなど）……8枚
オリーブオイル……少々

1　トマトは少し重なるようにして皿に敷く。
2　オリーブのマリネをトマトの上にバランスよく盛る。
3　ハーブをちらす。オリーブオイルをかける。

＊最後にオリーブオイルを少々かけると風味がよくなり、照りも出ます。

「ギリシャ風野菜のマリネ」をアレンジ
小海老とギリシャ風野菜のマリネ

風味よく炒めた小海老を加えて、栄養バランスがよくボリュームある前菜に。

材料（4人分）
ギリシャ風野菜のマリネ（p.12）……100g
小海老……12尾
白ワイン……小さじ4
塩、こしょう……各小さじ½

1　鍋にオリーブオイルを少し（分量外）入れ、小海老を炒める。塩とこしょうを混ぜる。
2　強火にして白ワインを入れ、アルコールが飛んだら火からはずす。
3　ボウルにマリネと小海老を入れ、全体をしっかりあえる。

＊最初から小海老を入れてギリシャ風マリネを作る場合は、冷蔵で3日間を保存の目安としてください。

「きのこのオイルマリネ」をアレンジ
きのこマリネのオイルパスタ

あえるだけであっというまに完成。ほかの食材とも合わせやすいパスタ。

材料（2人分）
きのこのオイルマリネ（p.13）……150g
にんにく……1片
唐辛子……½本
きのこマリネのオイル……大さじ1
パスタ（1.4〜1.6mm）……160g
パルメザンチーズ（または粉チーズ）……大さじ1
パセリ（みじん切り）……小さじ1½
黒こしょう……適量

1 きのこのマリネは油分をきり、食べやすい大きさに切る。にんにくは軽くつぶす。唐辛子は種を取りのぞく。フライパンににんにく、唐辛子、マリネのオイルを入れて火にかける。にんにくの香りが立ったら、きのこを加える。
2 パスタをゆで、1をからめる。パセリをちらし、チーズと黒こしょうをふる。

「アンチョビ入りポテトサラダ」と「紫キャベツのマリネ」をアレンジ
ポテトサラダと紫キャベツのバゲットサンド

見た目もきれいなサンドイッチ。ハムなどを加えてもおいしく。

材料（4人分）
アンチョビ入りポテトサラダ（p.20）……30g
紫キャベツのマリネ（p.13）……20g
ディジョン・マスタード……小さじ2
バゲット……1本

1 バゲットは中央に切れ目を入れ、マスタードをぬる。
2 ポテトサラダと紫キャベツをはさみ、食べやすく切る。

野菜のコンソメスープ

冷蔵1週間

昆布と椎茸の和食のだし素材がポイント。うま味の相乗効果を引きだし、
奥深い味を作ります。野菜の甘みも加わり、滋味あふれる味わい。

材料（5人分）
じゃがいも……5個（500g）
たまねぎ……2/3個（150g）
にんじん……2/3本（100g）
セロリ……1本
昆布（5cm角）……4枚
干し椎茸……10g
水……1.5ℓ
塩……小さじ2
粒こしょう（白）……10粒
パセリ……10g

1 じゃがいもとセロリは1cm幅、たまねぎとにんじんは5mm幅に切る。
2 切った野菜、水、昆布、干し椎茸、粒こしょう、ローリエを鍋に入れて火にかける。
3 軽く沸いたら弱火にし、20分ほど煮てから昆布を取りのぞく。さらに20分煮る。
4 火からはずしてスープをこし、塩を混ぜる。食べるときに、きざんだパセリをちらす。

ガスパチョとカッペリーニ

冷蔵3日間

夏の定番スープのガスパチョにパスタを加え、食欲のない日の食事にもおすすめです。バジルペーストはスープやパスタ、サラダなどに爽やかなアクセントを添えます。

材料（4人分）
トマト……6個
カッペリーニ……120g
オリーブオイル……大さじ2
塩、こしょう……各小さじ½
オリーブオイル……適量（分量）
バジルペースト（p.32）……小さじ4

1 トマトは熱湯に1分ほど浸けてから冷水にとり、皮をむく。
2 カッペリーニを表示どおりにゆで、氷水をあてたボウルに入れる。冷やしながら、オリーブオイルを少し（分量外）加えて、カッペリーニとよくあえる（くっつかないようにオイルで麺をコーティングする）。
3 1と2を合わせ、オリーブオイル、塩とこしょうを混ぜて味を整える。1人あたり小さじ1のバジルペーストをのせる。

＊トマトは湯むきしない場合は、ミキサーに直接かけてからこします。

クラムチャウダー

冷蔵3日間

あさりと野菜の旨みたっぷりの奥深い味わい。パンと一緒に朝食に、スープパスタにしてランチにもぴったり。あさりだしはスープのほかリゾットのベースにも使えます。

材料（2人分）
あさり……20個（約200g）
水……2½カップ
白ワイン……½カップ
にんにく……1片
エルブ・ド・プロヴァンス、タイムなど……少々
じゃがいも……1個
たまねぎ……½個
にんじん……¼本（50g）
ベーコン……30g
牛乳……1カップ強
バターまたはオリーブオイル……大さじ1⅔
薄力粉……大さじ1
塩、こしょう……各適量
三つ葉……2本

1 あさりだしをとる。鍋に砂抜きしたあさり、水、白ワイン、にんにく（庖丁でたたきつぶす）、ハーブを入れて火にかける。あさりが開いたら火を止め、ふたをして10分ほど蒸らす。あさりの身とゆで汁をわける。

2 じゃがいも、たまねぎ、にんじん、ベーコンは各5mm角の棒状に切る。別の鍋にバターまたはオリーブオイルを入れ、野菜とベーコンを炒める。小麦粉を混ぜ、粉っぽさがなくなるまで炒め合わせる。

3 あさりのゆで汁1½カップを加えてひと煮立ちさせる（アクが出たら取る）。

4 牛乳とあさりの身を加えて、塩とこしょうを混ぜて味を整える。食べるときに、きざんだ三つ葉をちらす。

ポタージュ・ボン・ファム

冷蔵4日間

じゃがいものとろみが優しい栄養たっぷりのスープ。ローリエを入れて弱火にし、野菜の香りが立つのを確かめながらゆっくり炒めて甘みを引きだします。

材料（5人分）
じゃがいも……5個
たまねぎ……1個
にんじん……1本
セロリ……1本
コンソメスープ……1.5ℓ
牛乳……1¼カップ
ローリエ……1枚
塩……小さじ2
こしょう……小さじ½
オリーブオイル……適量

1 たまねぎは薄切り、じゃがいもとにんじんは約1cm幅のいちょう切り、セロリは5mmの薄切りにする。
2 鍋にオリーブオイル少々（分量外）を入れ、たまねぎを焦がさないように炒める。残りの野菜とローリエを加えて同様に炒める。
3 コンソメをひたひたになるくらいそそぎ、20分ほど煮る。ローリエを取りのぞき、粗熱を取ってからミキサーにかける。
4 鍋にもどして牛乳を入れる。残りのコンソメで濃度を調整しながら、塩とこしょうで味を整える。

ブランダード
作り方→p.30

豚肉のリエット
作り方→p.30

生ハムのクリームディップ
作り方→p.31

焼きなすのタプナード
作り方→p.31

豚肉のリエット

冷蔵3週間

脂の多いばら肉を使ったコクのあるリエット。日がたつほどに旨みが増します。赤ワインによく合います。

材料（5人分）
豚ばら肉……500g
たまねぎ……1個
にんにく……1片
白ワイン……1カップ
ローリエ……1枚
塩、こしょう……各小さじ1
砂糖……小さじ1弱
パセリ……少々

1 豚肉に塩、砂糖、こしょうをすりつけ、一晩おく。
2 豚肉を一口大に切り、フライパンで表面がこんがりとなるまで焼く。焼いているときに出る脂は取っておく。
3 鍋に取っておいた脂を少し入れ、みじん切りにしたにんにくとたまねぎを焦がさないように弱火で炒める。豚肉をからめるように入れる。白ワイン、ローリエを入れ、中火で煮込む。
4 水けがなくなってきたら火からはずす。粗熱が取れたら、ペーストになるまでフードプロセッサーにかける。塩とこしょう（分量外）で味を整える。パセリをふる。

ブランダード

冷蔵3日間

南仏ラングドック地方の郷土料理を、干したタラの代わりに切り身で簡単にアレンジ。クリーミーな味わいはグラタンにも。

材料（4人分）
タラ（切り身）……6切れ
じゃがいも……3個
にんにく……2片
牛乳……1カップ
生クリーム……1/2カップ
オリーブオイル……大さじ2 2/3
塩……大さじ1 1/3
こしょう……小さじ1/2

1 タラは塩（分量外）をふってしばらくおき、水けをふく。じゃがいもは皮をむいて一口大に切り、塩を少し（分量外）を入れた熱湯でやわらかくなるまでゆでる。
2 牛乳、生クリーム、タラ、ゆでたじゃがいもを鍋に入れ、沸騰直前まで沸かす。
3 ミキサーで2を攪拌し、鍋に戻して温める。
4 木べらで混ぜながら、少しずつオリーブオイルを入れる。全体がなめらかになったら、塩とこしょうを混ぜる。

焼きなすのタプナード

冷蔵3日間

焼いて甘みの増したなすにケイパー、アンチョビ入りで奥深い味わい。そのままでも、肉料理やパスタにも合います。

材料（4人分）
なす……3個
タプナード（作りやすい分量）
　ブラックオリーブ（塩漬け）……200g
　ケイパー（酢漬け）……40g
　アンチョビ……10g
　にんにく……1片
　オリーブオイル……½カップ
　塩、こしょう……各小さじ½

1　火がとおりやすいよう、なすの表面に10カ所ほど竹串やフォークなどで穴をあける。網になすを置き、弱火で焼く。さわってみて全体的にやわらかくなったら火からはずし、そのまま冷まして皮をむく。
2　タプナードを作る。黒オリーブ、ケイパー、アンチョビ、にんにくをフードプロセッサーにかけてピュレ状にする。
3　2にオリーブオイルを少しずつ加えながら塩とこしょうを混ぜる。
4　焼いたなすを粗みじん切りにしてボウルに入れる。タプナードを50g加えてあえる。

生ハムのクリームディップ

冷蔵5日間

プロセッサーにかけるだけでおしゃれなディップが完成。生クリームでコクのある味に。黒こしょうが味のポイント。

材料（4人分）
生ハム（切り落とし）……80g
生クリーム……¼カップ＋大さじ2
黒こしょう……小さじ½
にんにく（すりおろす）……少々

1　フードプロセッサーに生ハムを入れる。生ハムが細かくなるまでプロセッサーにかけ、生クリームを加えてさらに撹拌する。
2　黒こしょう、にんにくのすりおろしを加えてさらに少し撹拌する。

＊お好みで黒こしょうの量を調整してください。こしょうをきかせたほうがおいしいです。

モッツァレラチーズとバジル、トマトジュレがけ

冷蔵4日間

トマトのエキスが凝縮されたトマトウォーターをジュレに。ジュレは蒸し鶏や白身のカルパッチョなど淡白な食材に合いやすく、かけるだけでおもてなしの一品に。

材料（4人分）
モッツァレラチーズ……1個
ミニトマト……4個
バジルペースト（作りやすい分量）
　バジルの葉……2パック（70〜80枚）
　にんにく……1個
　オリーブオイル……½カップ＋大さじ1
　塩、こしょう……各小さじ½
トマト……3個
ゼラチン……トマトウォーターの1/10量
塩、こしょう……各小さじ½
エルブ・ド・プロヴァンス……小さじ1

1　トマトを4等分に切り、ミキサーでなめらかになるまで撹拌する。

2　ジュレを作る。鍋に1と塩とこしょう各小さじ½、エルブ・ド・プロヴァンスを入れる。沸騰直前まで火にかけ、キッチンペーパーを敷いてこす。こすことでトマトウォーター（透明なエキス）が自然に分離する。トマトウォーターにゼラチンを溶かし、冷蔵庫で冷やし固める。

3　バジルペーストの材料をすべてミキサーに入れ、なめらかになるまで撹拌する。

4　モッツァレラチーズを軽くちぎって器に盛る。トマトジュレをかけ、小さく切ったミニトマトをちらす。バジルペーストを1人あたり小さじ1かける。

焼きパプリカとセミドライトマトの煮込み

冷蔵4日間

旨みが凝縮されたトマトと甘みが増したパプリカは最強の組み合わせ。ドライトマトよりしっとりと味わいの濃いセミドライトマトは、さまざまな料理で存在感を発揮します。

材料（2人分）
赤、黄パプリカ……各1個
ミニトマト……10個
にんにく（みじん切り）……1個
白ワインビネガー……大さじ1
塩、こしょう……各小さじ½

1　パプリカは200℃のオーブンで15分ほど焼く（網で表面が焦げるまで焼いてもよい）。薄皮と種を取りのぞき、短冊切りにする。

2　セミドライトマトを作る。ミニトマトはへたを取って半分に切る。水けを取ってオーブンの天板に並べ、塩とこしょうをふる。120℃で90分、60℃にしてさらに30分焼く。

3　鍋にオリーブオイルを少し（分量外）入れて弱火にかけ、焼いたパプリカとミニトマトを温める。白ワインビネガーを入れて強火にし、酢のツンとする香りを飛ばす。塩とこしょう（分量外）で味を整える。

＊セミドライトマトが残ったら、オリーブオイルにひたひたになるくらい浸けておくと冷蔵で約1カ月保存できます。ハーブを加えると風味が増します。パスタやサンドイッチのほか、カレーやシチューのコク出しなどさまざまに使えます。

ズッキーニの香草パン粉焼き

冷蔵3日間

作りたてはカリッと、あとはしっとりと違う食感が楽しめます。スモークサーモンやハムとサンドイッチもおすすめ。かつお節をのせると和風テイストに。

材料（4人分）
ズッキーニ……2本
にんにく……1片
パン粉……1¼カップ
タイム……3本
ローズマリー……2本
パセリ……大さじ1
塩、こしょう……各小さじ½
オリーブオイル……大さじ1

1 香草パン粉を作る。にんにく、パセリはみじん切りにする。タイム、ローズマリーは枝から葉をはずす。すべてをパン粉に入れて、よく混ぜ合わせる。

2 天板にオーブンペーパーを敷き、一口大に切ったズッキーニを並べる。塩とこしょうをふる。少しおいて水けが出たら、香草パン粉をかける。全体にオリーブオイルを回しかける。

3 200℃のオーブン（オーブントースターでもいい）で3分焼く。

＊フライパンで作るときは、オリーブオイルをひいたフライパンで塩とこしょうをしたズッキーニを炒めてからパン粉を加えます。パン粉をズッキーニにからめるように炒めます。

ラタトゥイユ

冷蔵5日間

炒めてこびりついたぶんもこそぎ落とし、野菜の旨みを余さず煮込みます。冷蔵庫で一晩おくと、味がなじんでさらにおいしく。温めても冷やしてもお好みで。

材料（5人分）
ズッキーニ……1本
トマト……3個
赤、黄パプリカ……各1個
たまねぎ……½個
にんにく……1片
エルブ・ド・プロヴァンス……少々
白ワイン……少々
オリーブオイル、塩、こしょう……各適量

1 ズッキーニは1cm幅、パプリカは2cm角、たまねぎは1cm角、にんにくはみじん切りにする。トマトは湯むきをして半分に切り、種を取ってから粗みじん切りにする。

2 鍋にオリーブオイルとにんにくを入れて火にかけ、香りが出てきたらたまねぎを加えて、弱火から中火で焦がさないように焼く。

3 たまねぎを焼いたらパプリカを入れ、しんなりしたらズッキーニを加える。鍋にこびりついたら白ワインを入れ、へらでなぞるようにしてこそぎ落とす。ワインの水けがなくなってきたらトマトとエルブ・ド・プロヴァンスを入れる。

4 トマトの水けが少し残るくらいまで煮込む。味が足りないようなら、塩とこしょうで味を整える。

アッシェ・パルマンティエ

冷蔵5日間

細かく切った肉とじゃがいもで作るフランス家庭料理の定番。
やさしい味わいで誰にでも好まれ、前菜にもメイン料理の付け合わせにも使えます。

材料（4人分）
ミートソース（できあがり分量約800g）
　合いびき肉、カットトマト（缶）……各250g
　たまねぎ……1個
　にんじん、セロリ……各½本
　にんにく……1片
　水……¾カップ
　赤ワイン……¼カップ弱
　ローリエ……1枚
　塩……小さじ½
　こしょう……少々
ベシャメルソース（できあがり分量約500g）
　バター……大さじ3＋小さじ1
　強力粉……⅓カップ
　牛乳（常温）……2⅓カップ
　塩……小さじ1
　こしょう、ナツメグ……各少々
アンチョビ入りポテトサラダ（p.20）……600g
溶けるスライスチーズ……8枚
バター、塩、こしょう……各適量

1　ミートソースを作る。たまねぎ、にんじん、セロリ、にんにくをみじん切りにする。フライパンにオリーブオイルを熱し、みじん切りにしたすべての野菜を水けを飛ばすように中火で炒める。

2　1を取りだし、同じフライパンにオリーブオイル少々を足して、塩とこしょうを混ぜた合いびき肉を中火で炒める（あまり混ぜないで、肉に焼き色をつけるように炒める）。肉に火がとおったら強火にして、赤ワインを入れる。水けがなくなってきたらカットトマトと水を加え、沸いてきたらアクをとり、弱火にして30分ほど煮込む。塩と黒こしょう（分量外）で味を整える。

3　ベシャメルソースを作る。バターは1cm角に切る。小麦粉はふるっておく。鍋を弱火にかけてバターを溶かし、小麦粉を一気に加えて焦げないように混ぜる。

4　小麦粉の香ばしい香りがしてきたら牛乳を少しずつよく混ぜながら加える（ダマにならないように注意する）。弱火から中火にして、混ぜながら5分ほど煮る。

5　耐熱皿にバターを薄くぬり、アンチョビ入りポテトサラダの⅓量を敷く。その上に⅓量のミートソース、⅓量のポテトサラダの順に重ねて敷く。さらにミートソース⅓、ポテトサラダ⅓、ミートソース⅓を重ねる。ベシャメルソースを全体にかけ、スライスチーズをのせる。200℃で10分焼く。

＊ミートソースもベシャメルソースも冷凍で3週間保存できます。残ったソースはパスタや煮込み、オーブン料理などに活用できます。

長ねぎのグラタン

冷蔵3日間

長ねぎをゆでてから焼くことで、とろりと甘くなります。濃厚なチーズの旨みも加わり、寒い季節のとっておきの一品。熱々に温めていただきます。

材料（4人分）
長ねぎ……2本
グリュイエールチーズ（または溶けるスライスチーズ）……40g
にんにく……1片
パン粉……½カップ
塩、こしょう……各小さじ1
バター……適量
ナツメグ、パセリ……各少々

1 長ねぎは約5cmにカットし、塩少々を入れた熱湯で2分ほどゆで、塩とこしょうを各少々ふる。
2 ボウルにパン粉、塩とこしょう、ナツメグを混ぜ合わせる。耐熱皿にバターを薄くぬる。
3 皿に長ねぎを入れ、グリュイエールチーズをねぎの上にすりおろす。
4 長ねぎに混ぜ合わせたパン粉をかけ、200℃のオーブン（オーブントースターでもいい）で6分ほど（焼き色がつくまで）焼く。パセリをふる。

＊グリュイエールチーズのかわりに溶けるスライスチーズを使う場合は、長ねぎにチーズをかぶせるようにのせます。

長いものソテー ローズマリー風味

冷蔵3日間

焼いた長いもはほっくりして生とは違った食感が楽しめます。ローズマリーのすがすがしい香りがそそります。お酒の肴や肉料理の付け合わせにもよく合います。

材料（4人分）
長いも……240g
にんにく……1片
バター……大さじ2½
卵……1個
ローズマリー……2本
塩、こしょう……各少々
パン粉……適量

1 長いもは2cm幅に切り、さらに半分に切る。切った長いもに卵、パン粉の順で衣をつける。
2 フライパンにバターを溶かし、にんにく（庖丁でたたきつぶす）、ローズマリーを入れて香りを出す。長いもを加えて、表面が黄金色になるまで炒める。塩とこしょう各少々を混ぜて、味を整える。

ジャーマンポテト

冷蔵3日間

とろとろに炒めた甘い「たまねぎフォンデュ」で、定番のお惣菜がランクアップ。ベーコンは厚切りにすると食べごたえが出ます。ビールにもぴったり。

材料（4人分）
じゃがいも……2個
長ねぎ……1本
ベーコン（あれば厚切り）……80g
たまねぎ……½個
バター……大さじ1弱
オリーブオイル……大さじ1
粒マスタード……小さじ1
塩、黒こしょう……各小さじ½

1 長ねぎは1cm幅の斜め切りにする。ベーコンは1cm幅に切る。じゃがいもはゆでて皮をむき、一口大に切る。
2 たまねぎフォンデュを作る。フライパンにオリーブオイル（分量外）をひき、薄切りにしたたまねぎをあめ色になるまで弱火で炒める。
3 別のフライパンにオリーブオイルをひき、ベーコンを弱火で炒めて脂を出す。じゃがいも、たまねぎフォンデュを加え、たまねぎをからめるようにしながらじゃがいもをこんがりと焼く。長ねぎを入れて塩、黒こしょうを混ぜる。ねぎがしんなりしたら、仕上げにバターとマスタードを混ぜ合わせる。

大根のコンソメ煮

冷蔵3日間

コンソメスープで大根をゆっくりと煮た洋風ふろふき大根。
一晩おくと味がしみていっそうおいしく。牛すじやこんにゃくと合わせて、おでん風にも。

材料（4人分）
大根……½本（500g）
米（冷やご飯でもよい）……大さじ1
コンソメキューブ……2個
ローリエ……1枚
水……2½カップ

1 大根は皮をむいて2cm幅に切り、面取りをする。鍋に大根と大根がかぶるくらいの水、米を入れて火にかける。竹串がすっとおるくらいまで大根をゆでる。ゆでたあとで冷水にさらす。

3 別の鍋で水を沸かし、コンソメキューブを溶かす。ゆでた大根とローリエを入れて、中火で20分煮る。

＊食べるときはゆで汁ごと温めて、黒こしょうをかけます。お好みでマスタードを添えます。コンソメスープに溶き卵を入れるとマイルドなおいしさに。

なすのバルサミコ煮

冷蔵1週間

香ばしく焼いたなすをバルサミコ酢でこっくりと煮ます。
煮ることで酢もいっそうまろやかに。冷やしてもおいしくいただけます。

材料（4人分）
なす……3本
バルサミコ酢……¾カップ
醬油……小さじ2
ディジョン・マスタード、チャイブ（みじん切り）
　……各小さじ1
塩、こしょう……各小さじ½
オリーブオイル……適量

1　なすはヘタを取って3cm幅にカットして水にさらし、アクを抜く。
2　ボウルにバルサミコ酢、醬油、マスタードを入れ、マスタードが溶けるまで混ぜる。
3　鍋にオリーブオイルをひき、なすを炒める。塩とこしょう、2を混ぜて煮る。ほとんど煮汁がなくなったら火からはずす。味が足りなければ、塩とこしょう（分量外）で味を整える。チャイブをのせる。

プティ・ポワ・フランセ

冷蔵3日間

グリーンピースを軽やかに煮た春のフランス家庭料理の定番。あらゆるメイン料理に合わせやすいので多めに作ると便利です。料理を華やかに彩ります。

材料（5人分）
グリーンピース（冷凍でもよい）……500g
たまねぎ……½個
ベーコン……200g
バター（無塩）……20g
白ワイン……少々
塩、こしょう……各小さじ½

1　たまねぎは薄切り、ベーコンは1cm幅に切る。鍋にバターを入れる。バターが溶けたらたまねぎとベーコンを入れ、焦がさないように弱火でゆっくり炒める。
2　たまねぎがすきとおってきたらグリーンピースを入れてさらに炒める。水けがなくなってきたら白ワインを入れ、鍋にこびりついた部分をこそぎ落としながら炒める。塩とこしょうで味を整える。

栗とくるみとたまねぎの軽い煮込み

冷蔵5日間

甘露煮の栗とあめ色に炒めたたまねぎで、煮込まずに短時間で仕上げます。肉やベーコンを加えるとボリュームのあるメイン料理に。

材料（4人分）
栗（甘露煮）……1瓶
くるみ……1袋（120g）
たまねぎ……½個
いんげん豆……100g
フォン・ド・ヴォー（缶）……½カップ
バター……大さじ4
塩、こしょう……各適量

1　栗は食べやすい大きさに切る。いんげん豆は湯がく。たまねぎフォンデュ（p.39）を作る。
2　鍋にバターを入れて溶かし、栗、くるみ、いんげん豆、たまねぎフォンデュを入れて炒める。
3　フォン・ド・ヴォーを入れ、沸いたら塩とこしょうで味を整える。

ミックスきのこのフリカッセ

冷蔵5日間

フリカッセとは「白い煮込み」のこと。食材のアレンジがききやすく、簡単におしゃれな料理が完成。きのこは3種類以上入れると奥深い味わいに。

材料（4人分）
しめじ……100g
舞茸、椎茸……各100g
エリンギ……80g
バター……大さじ4
生クリーム……小さじ4
ローズマリー……2本
オリーブオイル……大さじ1½
塩、こしょう……各小さじ½

1 きのこは食べやすい大きさに切る。
2 フライパンを熱してバターを溶かし、きのこをすべて入れて弱火で炒める。
3 ローズマリーを入れ、塩とこしょう、生クリームを混ぜる。きのこに火がとおったら、オリーブオイルを回しかける。

トマトのプロヴァンス風

冷蔵2日間

にんにくとハーブを混ぜたパン粉をかけて、こんがり焼いた南フランス料理の定番。
香り高い香草パン粉は肉や魚にかけて焼くとグレードアップ。

材料（4人分）
トマト……4個
パセリ（みじん切り）……30g
パン粉……½カップ
にんにく……1片
タイム……4本
塩、こしょう……各小さじ½

1 香草パン粉を作る。パン粉、パセリ、にんにくをフードプロセッサーで撹拌する。
2 トマトを半分に切る。切り口を下にして、オリーブオイルを少しひいたフライパンで焼き色がつくまで焼く。
3 焼き色を上にして、バットにトマトを並べる。フライパンに残った焼き汁をかけて、塩とこしょうをふる。
4 香草パン粉をトマトにまぶし、タイムをのせて200℃のオーブンでトマトに焼き色がつくまで10分ほど焼く。

イカのタプナードあえ しそ風味

冷蔵2日間

アンチョビをきかせたオリーブ・ペーストをしそとあえた大人の味わい。タプナードはパンにぬったりサラダのドレッシングに混ぜたりと活用できます。

材料（4人分）
イカ（刺身用）……400g
ブラックオリーブ……100g
ケイパー（酢漬け）……20g
アンチョビ……2枚
にんにく（みじん切り）……1片分
オリーブオイル……1カップ弱
たまねぎ（みじん切り）……¼個分
大葉……3枚
塩、こしょう……各小さじ½
オリーブオイル……適量

1　イカはそぎ切りにしておく。
2　タプナードを作る。フライパンにオリーブオイルをひき、にんにくとたまねぎを焦がさないように炒める。フードプロセッサーに炒めたにんにくとたまねぎ、ケイパー、アンチョビを入れて攪拌する。塩とこしょう（分量外）で味を整える。
3　イカに塩とこしょうをまぶし、さっとフライパンで炒める。タプナードを混ぜ合わせる。皿に盛り、きざんだ大葉をちらす。

エスカベッシュ

冷蔵5日間

白身魚などを揚げてから唐辛子入りの合わせ酢に漬けるエスカベッシュは、白ワインによく合います。サラダと合わせてサンドイッチにも。

材料（4人分）
アジ（ワカサギや白身魚でもよい）……300g
赤、黄パプリカ……各½個
たまねぎ……¼個
にんにく……1片
唐辛子……½本
ローリエ……1枚
マリネ液
　白ワイン……¼カップ
　酢……½カップ弱
　オリーブオイル……約¼カップ
　きび砂糖または砂糖……大さじ1
　水……¾カップ
　塩……小さじ1
ミント……4枚
オリーブオイル、薄力粉……適量

1　たまねぎとパプリカは薄切りにする。にんにくは庖丁でたたいてつぶす。
2　マリネ液を作る。フライパンにオリーブオイルとにんにく、唐辛子を入れて弱火にかける。香りが立ってきたら、たまねぎとパプリカを加えて炒める。野菜がしんなりしたらマリネ液の材料をすべて入れ、ひと煮立ちさせる。
3　アジは頭と内臓を落として1.5cm幅に切る。小麦粉をつけて、フライパンで多めのサラダ油で両面に火がとおるまで2〜3分ほど揚げ焼きする。油をきり、耐熱容器かバットに並べる。
4　熱いうちにマリネ液を全体にかけて味をなじませる。ミントをちらす。

＊ミントのかわりにパクチーでもよく合います。

タコとパプリカ ラヴィゴット・ソースあえ

冷蔵3日間

香草をきかせたソースでタコをあえた、夏のおもてなしにぴったりの爽やかな一品。パプリカの甘みと少しピリッとしたソースがよく合います。

材料（4人分）
タコ（足）……4本（240g）
赤、黄パプリカ……各1個
ラヴィゴット・ソース（p.90）……大さじ2

1. タコを5mm幅に切る。パプリカは200℃のオーブンで15分ほど焼く（網で表面が焦げるまで焼いてもよい）。薄皮と種を取りのぞき、短冊切りにする。

2. ボウルにタコとパプリカを入れ、ラヴィゴット・ソースであえる。

刺身の生ハム締め

冷蔵3日間

昆布の代わりに生ハムで締めた洋風昆布締め。ハムのうま味を刺身に移します。
鯛や平目など白身ならなんでも合います。香味野菜やハーブをのせ、見た目も華やか。

材料（4人分）
白身魚（刺身用）……500g
生ハム……4枚
オリーブオイル……½カップ
醤油……大さじ½
わさび、万能ねぎ、大葉、チャービル、
　マイクロゼイユなど……適量
レモン汁……少々

1　バットに刺身用に切った魚を並べる。ボウルにオリーブオイルと醤油を混ぜ合わせ、刺身の両面にぬる。
2　別のバットに生ハム2枚を広げて、上に刺身を並べていく。残りの2枚をかぶせる。そのまま1時間ほどおく。
3　食べるときは上にかぶせた生ハムをめくり、きざんだ万能ねぎや大葉、ハーブ、わさびをのせ、レモン汁をかける。

あさりのフラン、ロワイヤル仕立て

冷蔵3日間

「フランス風卵豆腐」のフランを、コンソメの代わりにあさりだしで和風テイストに。
旨みたっぷりのフランは、スプーンですくってスープの浮き実にしても。

材料（4人分）
あさり……20個（約200g）
水……2½カップ
白ワイン……½カップ
にんにく……1片
牛乳……1カップ
卵……3個
エルブ・ド・プロヴァンス……少々
サフラン……少々
塩、こしょう……各小さじ½
カイエンヌペッパー……少々

1 フランを作る。あさりだし（p.26）をとり、冷ましておく。粗熱がとれたらボウルにだし1カップ、牛乳、卵、塩、こしょう、カイエンヌペッパーを入れ、泡立て器などで攪拌する。味をみて、足りなければ塩とこしょう（分量外）で味を整える。

2 残りのだしを鍋に入れ、サフランを加えて温める。塩とこしょう（分量外）で味を整え、スープにサフランの黄色がついたら、サフランを取りだす。

3 耐熱の器に1を入れる。器にふたかキッチンペーパーをかぶせて6分蒸し、2のスープを注ぐ。

＊フランのなかに、だしをとったあとのあさりの身やお好みの香草を入れると、また違った味わいが楽しめます。

海老のナージュ、ハーブの香りで

冷蔵3日間

ナージュは「泳ぐ」の意味で、スープより濃くソースより軽やかなベースです。だしを煮つめて魚介の風味を出します。生クリームやバターを入れるとよりコクのある味に。

材料（4人分）
有頭海老……8尾
タラ（切り身）……1切れ
トマト……2個
ミニトマト……4個
あさりだし（p.26）……1¼カップ
にんにく……1片
たまねぎ……¼個
グリーンピース……24粒
エルブ・ド・プロヴァンス……ひとつまみ
オリーブオイル……適量
白ワイン……少々
塩、こしょう……各小さじ½

1 あさりだしをとり、冷ましておく。にんにくとたまねぎをみじん切りにする。トマトは湯むきして種を取り、ざく切りにする。タラは1cm幅のそぎ切りにする。

2 鍋にオリーブオイルをひき、にんにくとたまねぎを焦がさないように炒める。海老とタラを入れ、海老に火がとおるまでさらに炒めて、海老を取りだす。

3 鍋に白ワインを入れ、アルコール分が飛んだらトマトを加える。トマトの水けがなくなったら、あさりだし、タラ、エルブ・ド・プロヴァンス、ミニトマト、グリーンピースを入れて10分ほど煮る。塩とこしょうを混ぜて海老をもどし、海老が温まるまで2分ほど煮る。

帆立のエスカルゴ・バター焼き

冷蔵2日間

にんにくの香りがそそるエスカルゴ・バターと帆立は相性抜群。
バターの作りおきで、あっというまにできます。海老や牡蠣などにも。

材料（4人分）
帆立……4個
エスカルゴ・バター(p.95)……大さじ2½

1 エスカルゴ・バターを作る。
2 耐熱皿に帆立を並べ、適当な大きさに切ったエスカルゴ・バターをのせる。200℃で5分焼く。

＊オーブンの代わりに鍋を使うときは、帆立とエスカルゴ・バターを鍋に入れて中火にかけ、帆立に火がとおるまで温めます。

牡蠣のコンフィ

冷蔵2週間

低温のオイルで牡蠣にじっくり火をとおします。そのまま前菜としてはもちろん、保存がきくのでサラダやサンドイッチ、パスタなどアレンジも自由自在。

材料（4人分）
生牡蠣……1パック（120g）
オリーブオイル……¼カップ
にんにく……1片
レモン……1個
ローズマリー……2本
粗塩……少々
チャービル（飾り用）……適量

1 牡蠣はキッチンペーパーでふき、水けをできるだけ取る。にんにくは庖丁でたたきつぶす。

2 鍋にオリーブオイルを入れる。牡蠣、にんにく、ローズマリーを入れて火にかけ、80℃になったらそのままの温度で20分加熱する。

3 薄切りにしたレモンの上にのせ、粗塩をちらす。

＊オイルごと容器に入れて保存します。食べるときに、牡蠣をフライパンで焼いてもおいしくいただけます。漬けてある油にも牡蠣の旨みが出ているので、フライパンに油を少しひいて牡蠣を焼きます。

鶏ハムのツナ・ソース

ハム：冷蔵5日間　ツナ・ソース：冷蔵3日間

均一に火がとおるように鶏肉をなるべく薄くひらきます。蒸すことで胸肉もしっとり。ひねりのきいたソースもプロセッサーで簡単にできます。

材料（5人分）
鶏胸肉（皮なし）……250g
塩、こしょう……各小さじ½
ブロッコリー……小1個
ツナ・ソース
　ツナ缶……1個
　ホースラディッシュ……½カップ
　マヨネーズ……1⅓カップ
　牛乳……½カップ
　レモン汁……少々
　塩、こしょう……各適量
ハーブ（マイクロオゼイユなど）……適量

1　鶏肉はなるべく薄く均一にひらく。両面に塩とこしょうをすりこみ、1時間ほどおく。
2　鶏肉を3分半蒸し、冷ます。冷めたら1cm幅のそぎ切りにする。
3　ツナ・ソースの材料をプロセッサーで撹拌する。牛乳を少しずつ加えて、濃さを調整する。ブロッコリーは適当な大きさに切り、別にプロセッサーにかけて、みじん切りくらい細かくする。
4　鶏ハムを皿に並べ、ツナ・ソースとブロッコリーをかける。ハーブをちらす。

スパイスミートボールのトマト煮込み

冷蔵5日間

クミンが香るエキゾチックなミートボール。パセリの代わりにパクチーを使うと、よりエスニックに。いつものミートボール・パスタも新鮮な味わいになります。

材料（4人分）
合いびき肉……400g
たまねぎ……1½個
にんにく……1片
クミンパウダー……小さじ2＋小さじ1
塩……小さじ½
こしょう……少々
トマト缶（カット）……2缶
パン粉……大さじ3
パセリ（またはパクチー）のみじん切り
　……大さじ2
塩、黒こしょう……各適量
オリーブオイル……適量

1　ボウルに合いびき肉、みじん切りにしたたまねぎ（½個）、クミンパウダー（小さじ2）、塩（小さじ½）、こしょう少々、パセリを入れてよく練る。一口大に丸める。
2　フライパンにオリーブオイルをひき、ミートボールを焼く。表面に焼き色がついたら取りだす。
3　同じフライパンにみじん切りにしたにんにくとたまねぎ（1個分）を入れ、たまねぎの甘みが出るまで焦がさないように炒める。
4　3にカットトマトとパン粉、塩をひとつまみ（分量外）入れ、表面を焼いたミートボールをもどして10分ほど煮込む。クミンパウダー（小さじ1）、塩と黒こしょうで味を整える。器に盛り、パセリの葉（またはパクチーのみじん切り。分量外）をちらす。

キッシュ風野菜オムレツ

冷蔵1週間

野菜たっぷりのオムレツをキッシュ風に焼きました。甘いたまねぎと生クリームのコクが味のポイントです。パンを添えて、朝食や軽めのランチに。

材料（450mlの耐熱容器1個分）
じゃがいも……3個
ブロッコリー……2〜3房
ミニトマト……3個
ベーコン……1枚
卵……1個
ピザ用チーズ……20g
牛乳、生クリーム……各大さじ3＋小さじ1
ナツメグ……少々
塩、こしょう……各適量

1 たまねぎフォンデュ（p.39）を作る。フライパンにオリーブオイル少々をひき、1cm幅に切ったベーコンを焼き色がつくまで炒める。たまねぎフォンデュと合わせて冷ます。ブロッコリーは小房に切り、ゆでる。

2 ボウルに卵を割り入れてよく溶く。牛乳、生クリーム、チーズを加えて全体を混ぜ合わせる。塩とこしょう、ナツメグを混ぜて味を整える。

3 耐熱容器にベーコン、たまねぎフォンデュ、ブロッコリーを入れ、2を流す。半分に切ったミニトマトを切り目を上にして並べる。180℃のオーブンで40分ほど焼く。

＊野菜はほうれん草、ズッキーニ、きのこなども合います。ベーコンは厚切りのものがおすすめです。

鶏レバーと砂肝のコンフィ

冷蔵3日間

ねっとりしたレバーとこりっとした砂肝の食感の違いが楽しめます。牛乳にはちみつを加えると、ほどよい甘みが出ます。黒こしょうは食べる直前にかけます。

材料（4人分）
鶏レバー……100g
砂肝……50g
にんにく……1片
牛乳……適量
はちみつ……大さじ2
オリーブオイル……1⅓カップ
ローズマリー……2本
塩、こしょう……各適量
黒こしょう……少々

1　鶏レバーと砂肝は塩とこしょう（分量外）をすりこみ、10分ほどおく。ボウルにレバーと砂肝を入れ、浸かるくらいの牛乳、はちみつを混ぜる（臭みがぬけるとともにほどよい甘みがつく）。そのまま一晩おく。

2　レバーと砂肝を取りだし、水けをしっかり取る。鍋にオリーブオイル、にんにく（庖丁でたたきつぶす）、ローズマリー、レバーと砂肝を入れ、80℃で20分ほど加熱する。オイルごと保存し、食べるときに取りだして黒こしょうをふる。

塩豚ボイル、マスタード風味バルサミコ・ソース

塩豚：冷蔵5日間　ソース：冷蔵2週間

シンプルな味つけの豚肉をコクと酸味のきいた奥深い味わいのソースが引きたてます。
塩豚はサンドイッチやピラフ、パスタなどアレンジもさまざま。

材料（5人分）
豚肉（肩ロース）……300g
塩……小さじ2
バルサミコ・ソース（p.90）……1カップ
ベビーリーフ……適量
ディジョン・マスタード（付け合わせ用）
　……大さじ1

1　豚肉に塩をすりこみ、袋に入れて1日おく。
2　たっぷりの水を入れた鍋に豚肉を入れて火にかけ、沸騰したら火を止めてそのまま10分ほどおく。豚肉を取りだしてフライパンで豚肉の表面に焼き色がつくまで焼く。
3　塩豚を1cm幅に切って皿に盛り、バルサミコ・ソースをかける。マスタードとベビーリーフを添える。

第2章

主菜の作りおき

作りおきで、本格的な料理も温めるだけで食卓に出せます。シェフならではのアレンジがきいた、ふだんの献立でもおもてなしの場でも活躍するレシピです。

タラのバスク風

冷蔵3日間

素材を活かし、旨みを最大限に引きだすのがバスク風スタイル。
魚介と相性のよいアスパラガスやパプリカがおいしさをいっそう引きたてます。

材料（4人分）
タラ（切り身）……4切れ
あさり……16個
赤、黄パプリカ……各1個
アスパラガス……4本
にんにく……1片
パセリ……10g
水……2½カップ
白ワイン……1¼カップ
ローリエ……1枚
パプリカパウダー……少々
塩、こしょう、オリーブオイル、薄力粉
　　……各適量

1　鍋にあさり、水、白ワイン、にんにく（庖丁でたたきつぶす）、ローリエを入れて強火にかける。あさりが開いたら火を止める。

2　アスパラガスは下の硬い皮をむき、少し硬めに湯がく。パプリカは200℃のオーブンで15分ほど焼く（表面が黒くなるまで網で焼いてもよい）。薄皮と種を取りのぞき、縦半分に切る。焼くときに出るパプリカの汁は1の鍋に加える。

3　タラは塩とこしょうをすりこみ、薄力粉を薄くまぶす。フライパンにオリーブオイルをひき、皮に焼き色がつくまでタラを焼く。

4　1の鍋に調理した野菜とタラを入れる。パプリカパウダーを入れて3分煮る。塩とこしょうを混ぜて味を整える。食べるときに、みじん切りにしたパセリをちらす。

＊パプリカパウダーの代わりにバスク産唐辛子ピマン・デスプレットを使うと、より本格的な仕上がりになります。

「タラのバスク風」をアレンジ
バスク風スパゲティーニ

あさりのだしで、旨みたっぷりのパスタがあっというまに完成。ほぐしたタラをパスタにからめるように仕上げます。

材料（2人分）
タラのバスク風（左ページ）より
　タラ……2切れ
　アスパラガス……2本
　赤、黄パプリカ……各½個
　煮汁……½カップ
スパゲティーニ……160g
にんにく……1片
パセリのみじん切り、パプリカパウダー
　（またはピマン・デスプレット）……各少々
塩、こしょう、オリーブオイル……各適量

1　パスタは表示どおりにゆでる。アスパラガスは3cm、パプリカは短冊切りにする。
2　フライパンにオリーブオイルと包丁でたたきつぶしたにんにくを入れ、中火にかける。香りが立ったらにんにくを取りだし、タラを入れる。タラをほぐすように火をとおし、パプリカとアスパラガスを加える。
3　2にゆでたパスタと煮汁を入れ、全体になじませる。塩とこしょうを混ぜて味を整える。パセリのみじん切りをちらし、パプリカパウダー（またはピマン・デスプレット）をふる。オリーブオイルを回しかける。

「タラのバスク風」をアレンジ
魚介と豚肉の スペイン風煮込み

豚肉とタコを加えたボリュームある一品。旨みと甘みが溶けあい、奥深い味わい。おいしいスープも余さずいただきます。

材料（2人分）
タラのバスク風（左ページ）より
　タラ……2切れ
　赤、黄パプリカ……各½個
　煮汁……1カップ
タコ（足）……2本（120g）
豚ばら肉……100g
ベーコン……1枚
ミニトマト……6個
にんにく……1片
オリーブオイル……少々
イタリアンパセリ（飾り用）……8枚

1　にんにくはみじん切り、ベーコンは1cm幅に切る。タラは1切れを半分に切る。タコは2cm幅、豚肉は3cm幅に切る。ミニトマトは半分に切る。
2　フライパンにオリーブオイルとにんにく、ベーコンを入れて弱火にかける。オイルににんにくとベーコンの香りが移ったら、豚肉を入れて炒める。タラ、タコ、パプリカを入れてオリーブオイル少々を加え、さらに軽く炒める。
3　煮汁を加え、5分ほど煮る。ミニトマトを入れ、さらに5分ほど煮る。

海老のポテトグラタン

冷蔵3日間

海老とじゃがいもは相性のよい組み合わせ。チーズをのせてこんがり焼きます。作りおきのポテトサラダで簡単アレンジ。

材料（4人分）
むき海老……20尾
にんにく……1片
アンチョビ入りポテトサラダ（p.20）
　……240g
カマンベールチーズ（またはピザ用チーズ）
　……100g
塩、こしょう……各小さじ½
黒こしょう……少々
オリーブオイル、適量
マイクロオゼイユ（飾り用）……1本

1　フライパンにオリーブオイルとみじん切りにしたにんにくを入れ、弱火にかける。にんにくの香りが立ったら海老を入れてさっと炒め、塩とこしょうを混ぜる。
2　耐熱皿にポテトサラダと海老を入れ、チーズをのせる。
3　180℃のオーブンで約10分焼く。

白身魚となす、トマトの香草オーブン焼き

冷蔵2日間

なすに白身魚とトマトを重ねて香ばしく焼きました。アンチョビが味のポイント。タラ、鯛など白身ならなんでも合います。

材料（4人分）
タラ、鯛など白身魚の切り身……4切れ
なす……2個
ミニトマト……8個
たまねぎ……½個
アンチョビ……1缶
レモン汁……少々
パン粉……½カップ
ハーブ（タイム、ローズマリー、エルブ・ド・プロヴァンスなど）……小さじ2
塩、こしょう……各小さじ½
パセリ……少々
薄力粉、オリーブオイル……各適量

1　白身魚の切り身は塩とこしょう（分量外）をすりこみ、薄力粉をまぶす。なすとミニトマトは縦半分に切る。たまねぎは薄切りにする。
2　なすの切った面に塩とこしょう、ハーブの半量をふる。フライパンにオリーブオイルを入れて中火にかけ、なすとたまねぎを入れる。野菜に焼き色がついたら火をとめる。耐熱皿になすを並べ、上にたまねぎをのせる。
3　同じフライパンにオリーブオイルを少々入れて中火にかける。魚を焼き色がつくまで焼き、2のたまねぎの上にのせる。
4　同じフライパンに粗みじん切りにしたアンチョビを缶のオイルごと入れて温め、魚の上にかける。その上に切ったミニトマトをのせる。
5　パン粉と残りのハーブをふりかけ、オリーブオイル少々をかける。180℃のオーブンで10分焼く。食べるときにみじん切りにしたパセリとレモン汁をふる。

サーモンのクリーム煮

冷蔵2日間

鮭ときのこの旨みが溶けだした濃厚なクリーム煮。おもてなしのメインはもちろん、パスタやシチュー、グラタンなどさまざまにアレンジできます。

材料（4人分）
生鮭……4切れ
マッシュルーム……7個
たまねぎ……¼個
にんにく……½片
白ワイン……½カップ
卵黄……1個分
バター……大さじ2½
生クリーム……大さじ4
薄力粉、塩、こしょう……各適量
パセリ……少々

1　マッシュルームは5mmの薄切り、たまねぎとにんにくはみじん切りにする。

2　鮭の切り身に塩とこしょう（分量外）をすりこみ、薄力粉をまぶす。フライパンにバターの半量を入れて弱火にかける。鮭を入れて、火がとおるまで焼く。

3　2のフライパンに残りのバターを入れて中火にかけ、たまねぎとにんにくを炒める。火がとおったらマッシュルームを入れて炒め、水けがなくなってきたら白ワインを加えて、アルコールを飛ばす。

4　ソースを作る。ボウルで卵黄と生クリームをよく混ぜ合わせて、フライパンに入れる。塩とこしょうを混ぜて味を整える。食べるときに、みじん切りにしたパセリをちらす。

＊サーモンソテーとソースは一緒に容器に入れて保存します。食べるまえに電子レンジで500Wで1切れあたり1分20秒を目安に温めます。

「サーモンのクリーム煮」をアレンジ
サーモンとカマンベールチーズ、りんごのグラタン

甘酸っぱいりんごとクリーミーなチーズで熱々とろとろ。ユニークな組み合わせが、おもてなしの食卓を彩ります。

材料（2人分）
サーモンのクリーム煮（左ページ）より
　サーモンソテー……2切れ
カマンベールチーズ……50g
りんご……½個
無塩バター……大さじ2

1. りんごは1cm角に切る。カマンベールチーズは薄切りにする。
2. フライパンにバターを溶かし、りんごを炒める。
3. 耐熱皿にサーモンソテーを並べて、炒めたりんごをのせる。チーズをのせて、180℃のオーブンで5分焼く。

「サーモンのクリーム煮」をアレンジ
サーモンの豆乳鍋仕立て

豆乳にバターと生クリームを加えたコクのある味わい。旨みたっぷりのスープごといただきます。スープパスタにしても。

材料（2人分）
サーモンのクリーム煮（左ページ）より
　サーモンソテー……2切れ
椎茸……4個
長ねぎ……½本
ほうれん草……½束
無調整豆乳……3カップ
コンソメキューブ……1個
無塩バター……大さじ2
生クリーム……少々
塩、こしょう……各適量

1. ねぎは2cm長さに切る。椎茸は石づきを取り、1cm幅に切る。ほうれん草は3cm長さに切り、さっと湯がく。サーモンソテーは3等分に切る。
2. 鍋に豆乳とコンソメキューブを入れて、沸騰する直前まで加熱する。弱火にして、椎茸と長ねぎを入れて5分ほど煮る。
3. 湯がいたほうれん草、サーモンソテーを入れる。バター、生クリームを加える。塩とこしょうを混ぜて味を整える。

白身魚のポシェ、アイオリ・ソース

冷蔵2日間

だしや湯のなかで弱火でゆっくり素材に火をとおすポシェは、しっとりした口あたり。
にんにくとマスタードがアクセントのアイオリ・ソースがよく合います。

材料（4人分）
タラ、鯛など白身魚の切り身……4切れ
ブロッコリー……1個
ズッキーニ……½本（100g）
にんじん……1本
じゃがいも……3個
オクラ……4本
バター……大さじ1
塩、こしょう……各小さじ½
アイオリ・ソース（p.94）……¼カップ

1 白身魚の切り身は1切れを半分に切り、さらに3等分に切る。ブロッコリーは小房に切りわける。にんじんとズッキーニ、じゃがいもは5mm幅の輪切りにして、さらに半分に切る。じゃがいもはゆがいておく。オクラはうぶ毛を板ずりして、半分に切る。湯1½カップにバターを入れて沸かし、塩とこしょうを加える。その湯でブロッコリー、にんじん、オクラをゆでる。野菜を取りだし、弱火にして魚の切り身を入れ、3分ほどかけて火をとおす。

2 食べるときに、アイオリ・ソースを添える。

タコとイカのアンチョビ・バターソテー

冷蔵2日間

作りおきのアンチョビ・バターで、プロの味があっというまに完成。海老や帆立などさまざまな魚介とよく合います。硬くなるので火をとおしすぎないようにします。

材料（4人分）
タコ（足）……2本（120g）
イカ……1杯（280g）
アンチョビ・バター（p.95）……¼カップ
オリーブオイル……適量
パセリ……小さじ1
レモン汁……少々

1 タコとイカは食べやすい大きさに切る。アンチョビ・バターは適当な大きさに切る。

2 フライパンにオリーブオイルをひき、タコとイカを入れて弱火にかける。アンチョビ・バターを加え、溶かす。魚介に火がとおるまで、焦がさないように弱火のまま炒める。食べるときにみじん切りにしたパセリとレモン汁をかける。

手羽先とじゃがいものコンフィ、ローズマリー風味

冷蔵2週間

相性のよい鶏肉とじゃがいもを低温でじっくり揚げました。日持ちするので多めに作っておくと便利。ハーブやカレー粉をふると、また違った味わいに。

材料（4人分）
手羽先……4本
じゃがいも……4個
にんにく……2片
ローズマリー……2本
粗塩……小さじ1
こしょう……少々
ハーブ（タイム、エルブ・ド・プロヴァンスなど）……小さじ1
オリーブオイル……適量

1 手羽先に粗塩とこしょう、ハーブをすりこんで10〜20分おく。じゃがいもは皮つきのまま一口大に切る。にんにくは半分に切る。

2 鍋に手羽先、じゃがいも、にんにく、ローズマリーを入れる。オリーブオイルを適量（食材がひたひたにかぶるよりやや多め）入れる。

3 火にかけ、70〜80℃を保ったまま（オーブンなら100℃以下に）、1時間かけて火をとおす。

＊オイルごと容器に入れて保存します。食べるときは漬けてあるオイルから手羽先とじゃがいも、にんにくを取りだし、余分な油をきってフライパンでこんがりと焼きます。保存前はじゃがいもに味つけしていないので、塩とこしょうを適量混ぜます。

カルボナード

冷蔵3日間

カルボナードはフランス北部の郷土料理で、牛肉をビールで煮ることで深い味わいに。黒ビールが定番ですが、ふつうのビールや発泡酒でもおいしくできます。

材料（4人分）
牛ばら肉……600g
たまねぎ……1個
ビール（発泡酒でもよい）、水……各1カップ
砂糖……大さじ1⅔
白ワインビネガー……大さじ2
ローリエ……1枚
コンソメキューブ……1個
バター、サラダ油……各大さじ1⅓
薄力粉……¼カップ
塩、こしょう……各適量
キャロットラペ（p.19）、紫キャベツのマリネ（p.13）……各適量
イタリアンパセリ（飾り用）……1枚

1 牛肉に塩（肉の重さの1.5%）とこしょう少々をすりこみ、10分ほどおく。たまねぎは薄切りにする。鍋にバターとサラダ油を入れて熱し、牛肉を入れて焼き色がつくまで焼く。

2 薄力粉を入れて肉にからめ、たまねぎを加えてしんなりするまで炒める。水けがなくなって鍋にこびりついたら白ワインビネガーを入れ、へらでこそぎ落とす。

3 ビール、水、砂糖、ローリエ、コンソメキューブを入れ、ふたをして煮込む。沸いたらアクを取り、肉がやわらかくなるまで1時間半ほど煮込む。塩とこしょうを混ぜて味を整える。器に盛り、キャロットラペと紫キャベツのマリネを添える。キャロットラペにイタリアンパセリをのせる。

＊一晩おくと味がなじんで、さらにおいしくなります。

鶏もも肉と切り干し大根の
トマト煮

冷蔵3日間

ユニークな組み合わせのトマト煮。大根に鶏肉とトマトの旨みがじんわりしみます。ピラフやパスタにもアレンジできます。

材料（4人分）
鶏もも肉……1枚（240g）
切り干し大根（乾燥）……25g（もどして100g）
たまねぎ……½個
にんにく……⅓片
バター……大さじ2
トマトペースト、白ワイン、白ワインビネガー
　……各大さじ1⅓
水……½カップ
コンソメキューブ……¼個
タバスコ……少々
イタリアンパセリ……4枚
オリーブオイル、薄力粉、塩、こしょう
　……各適量

1　切り干し大根は水でもどし、バター（半量）で炒める。たまねぎは薄切り、にんにくはみじん切りにしてオリーブオイルで炒める。
2　鶏もも肉は塩とこしょう（分量外）をすりこみ、薄力粉をまぶす。オリーブオイルをひいたフライパンで焼き色がつくまで焼き、一口大に切る。
3　フライパンにトマトペーストを加えて肉にからめる。白ワインと白ワインビネガーを入れて、ワインとビネガーが煮つまるまで加熱する。
4　コンソメキューブ、水、1を入れて、鶏肉がやわらかくなるまで10分ほど煮る。塩とこしょう、タバスコを混ぜて味を整える。仕上げに残りのバターを入れて溶かす。イタリアンパセリをのせる。

鶏もも肉の
ガランティーヌ

冷蔵3日間

詰め物をした肉をゆでる料理ガランティーヌを簡単アレンジ。ソースは別に保存し、直前にかけるとよりきれいな仕上がりに。

材料（2人分）
鶏もも肉……1枚（240g）
アスパラガス……2本
アーモンド（砕いたもの）……大さじ2
バルサミコ酢……1カップ
醤油……大さじ½
ディジョン・マスタード……小さじ1
塩、こしょう……各小さじ½
キャトルエピス（またはオールスパイス）
　……少々
片栗粉……適量
イタリアンパセリ……6枚
セミドライトマト（p.33）……4個

1　鶏肉は平らになるように薄くひらく。身が縮まないように全体に浅く切れ目を入れる（筋は切る）。皮を下にして肉をおき、塩とこしょう、スパイス、アーモンドをまぶす。アスパラガスは下の硬い皮をむき、半分に切る。
2　肉の上からラップをかけ、麺棒などで平らにする。中央にアスパラガスを並べる。アルミホイルで鶏肉をぴったり巻く。補強のためにもう1枚アルミホイルを巻き、円筒形に整える。
3　沸騰した湯に2を入れ、弱火にして20分ゆでる。ゆでたらそのまま冷ます。冷めたらアルミホイルをはずす（ゆでるときに出る肉汁は取っておく）。
4　ソースを作る。バルサミコ酢を半量まで煮つめ、醤油、3の肉汁を入れて沸かす。片栗粉でとろみをつけ、マスタードと塩、こしょうを混ぜる。保存容器にソースを敷き、1.5〜2cm幅に切ったガランティーヌを並べ、パセリをのせる。食べるときに、半分に切ったセミドライトマトを添える。

＊キャトルエピスは、こしょう、ナツメグ、ジンジャー、クローブ入りのミックススパイス。料理の風味が豊かになります。

コック・オ・ヴァン

冷蔵1週間

ブルゴーニュ地方の定番料理。たっぷりのワインでやわらかく煮込みます。
骨つき肉を使うと加熱中の身の縮みが少なく、肉の旨みが凝縮されます。

材料（3人分）
手羽先……6本
ベーコン……100g
たまねぎ……1個
にんじん……小1本
セロリ……1本
にんにく……1片
ローリエ……1枚
赤ワイン……3¾カップ
バター、サラダ油……各大さじ1⅓
薄力粉……小さじ1
塩、こしょう……適量
パセリ……小さじ1½
ギリシャ風野菜のマリネ（p.12）……60g

1 たまねぎ、にんじん、セロリ、にんにくはそれぞれ薄切りにする。保存容器に手羽先、切った野菜、ローリエ、赤ワインを入れて一晩おく。ベーコンは1cm幅に切る。

2 手羽先を取りだして水けを取り、塩とこしょうをすりこむ。

3 鍋にバターとサラダ油を入れ、手羽先の皮側にしっかり焼き色がつくまで焼く。焼いたら取りだし、余分な脂をふきとる。同じ鍋でベーコンを炒め、漬けておいた野菜を入れてさらに炒める。薄力粉を入れて、全体に炒め合わせる。

4 焼いた手羽先を鍋にもどし、1の漬け汁を入れて沸かす。アクを取り、弱火にして30分ほど煮込む。食べるときは、煮汁を温めて片栗粉でとろみをつけ、塩こしょうで味を整える。皿にソースを敷いて温めた手羽先を盛り、きざんだパセリをちらす。ギリシャ風野菜のマリネを添える。

*1〜2日おくと、ソースが肉になじんでよりおいしくなります。

「コック・オ・ヴァン」をアレンジ
チキンシチュー

コクと旨みのあるソースで、ビストロのような深い味わいのシチューが簡単にできます。パンやパスタを添えて。

材料（4人分）
コック・オ・ヴァン（左ページ）の煮汁
　……1カップ
鶏もも肉……2枚（480g）
にんじん……½本
じゃがいも……2個
にんにく……1片
フォン・ド・ヴォー（缶）……½カップ
ウスターソース、赤ワイン……各½カップ
オリーブオイル、塩、こしょう……各適量

1　鶏もも肉は余分な脂を取りのぞき、塩とこしょうをすりこみ、20分ほどおく。一口大に切る。にんじんは半月切りに、じゃがいもは乱切りにする。にんにくはみじん切りにする。
2　フライパンにオリーブオイルとにんにくを入れて火にかけ、にんにくの香りが立ったら鶏肉を入れて、焼き色がつくまでしっかり焼く。にんじんとじゃがいもを加え、炒める。鶏肉から出た脂はふきとる。
3　赤ワインとフォン・ド・ヴォーを入れて10分ほど煮る。コック・オ・ヴァンの煮汁を入れてさらに10分煮る。ウスターソースと塩とこしょうを混ぜてなじませる。

「コック・オ・ヴァン」をアレンジ
チキンのチーズ焼き

チーズをのせて焼くだけで、本格フレンチがあっというまに完成。チーズのダブル使いが濃厚な味わいのポイントです。

材料（2人分）
コック・オ・ヴァン（左ページ）の手羽先
　……4本
コック・オ・ヴァンの煮汁……小さじ2
溶けるスライスチーズ……4枚
パルメザンチーズ（または粉チーズ）
　……大さじ2
パセリ（飾り用）……4本

1　耐熱容器に手羽先を並べ、煮汁をかける。
2　スライスチーズをのせ、パルメザンチーズをかける。200℃のオーブンで5分ほど焼いて焼き色をつける。

ポークソテー、ピクルスと白ワインのソース

冷蔵2日間

赤たまねぎのピクルスがポイントの酸味のきいたソースが新鮮な味わい。
焼いたときに身が縮まないように、豚肉の下処理はひと手間かけます。

材料（4人分）
豚ロース肉……4枚（400g）
たまねぎ……1個
ブロッコリー……8房
ミニトマト……8個
赤たまねぎ……½個
ピクルス液（p.15）……2カップ
ケイパー……8粒
白ワイン……¾カップ
フォン・ド・ヴォー（缶）……1カップ
マスタード……小さじ1
バター……大さじ1⅓
片栗粉、塩、こしょう……各適量
アンチョビ入りポテトサラダ（p.20）
　……120g
ミニトマト（¼に切る）……8個
ブロッコリー（ゆでたもの）……8房

1　赤たまねぎのピクルスを作る。赤たまねぎを1cm幅に切り、ピクルス液に入れて1日おく。たまねぎは薄切りにする。ミニトマトは¼に切る。

2　食べやすくするために脂身に1cmおきに切りこみを入れる。焼いたときに身が縮まないように脂身と赤身の境目にも数カ所切りこみを入れる。

3　フライパンを熱して、少し傾けながら豚肉の脂のほうから焼いて脂を出す。脂が出てきたらバターを入れ、弱火にして焦がさないように焼く。

4　豚肉に火がとおったら取りだし、弱火から中火にしてたまねぎを透明になるまで炒める。白ワインを入れ、強火にして煮つめる。フォン・ド・ヴォーを加えて、さらに5分ほど煮つめる。マスタードを入れてよく混ぜ合わせる。

5　赤たまねぎのピクルス、ケイパーを加えて、塩とこしょうを混ぜて味を整える。片栗粉でとろみをつける。食べるときにアンチョビ入りポテトサラダ、ミニトマトとブロッコリーを添える。

豚ばら肉のココナツ煮、スパイス風味

冷蔵5日間

エキゾチックな味わいのココナツクリームが、豚ばら肉の濃厚な旨みとよく合います。
小さく切った豚肉とソースで、フレンチ風カレーライスにも。

材料（4人分）
豚ばら肉（塊）……400g
たまねぎ……¼個
にんにく……1片
ココナツミルク……1カップ
生クリーム……¼カップ
シェリービネガー……小さじ4
フォン・ド・ヴォー（缶）……小さじ2
カレー粉……小さじ5
塩、こしょう……各小さじ½
黒こしょう……小さじ½
オリーブオイル……少々
チャービル……4本

1. 豚ばら肉に塩（小さじ1）とこしょう（小さじ½）をすりこみ、3時間以上おく。たまねぎとにんにくはみじん切りにする。
2. 鍋にオリーブオイルを入れ、にんにくとたまねぎを炒める。カレー粉と黒こしょうを加えて炒め、香りを立たせる。ココナツミルクと生クリームを入れ、5分ほど煮る。塩とこしょうを混ぜて味を整える。
3. フライパンを熱し、焼き色がつくまで豚肉を焼く。シェリービネガー、フォン・ド・ヴォーの順に加え、豚肉にからめるようにしてなじませる。
4. 2に焼いた豚肉を入れて、180℃のオーブンで20分焼く。チャービルを添える。

ポテ

冷蔵1週間

ポテは田舎風ポトフとも呼ばれ、豚肉とキャベツを入れた家庭料理です。塩漬けにした豚の旨みでシンプルでも奥深い味わい。アレンジしやすいのも魅力。

材料（4人分）
豚肉（肩ロース）……500g
ベーコン……100g
ソーセージ……4本
キャベツ……1/2個
にんじん……1本
かぶ……小2個
じゃがいも……3個
たまねぎ……小1個
クローブ……1本
サラダ油、粗塩、黒こしょう、ディジョン・マスタード……各適量

1　豚肉に塩（肉の重さの3％）をすりこみ、一晩おく。

2　キャベツはざく切りに、じゃがいもとにんじんは乱切りにする。たまねぎは切らずにクローブを刺す。ベーコンは2cm幅に切る。

3　鍋に塩漬けにした豚肉とたっぷりの水を入れて火にかける。沸騰したら火を止め、そのまま10分ほどおく、豚肉を取りだして粗熱を取り、3cm幅に切る。

4　鍋にサラダ油を入れ、強火で豚肉とベーコンを全体に焼き色がつくまで焼く。クローブを刺したたまねぎを入れ、ひたひたに水を注ぎ、沸騰したらアクを取る。弱めの中火で20分ほど煮込む。

5　じゃがいもとにんじんを入れて10分煮る。キャベツ、かぶ、ソーセージを加えてさらに10分ほど煮込む。塩とこしょう（分量外）を混ぜて味を整える。食べるときに粗塩、黒こしょう、粒マスタードを添える。

「ポテ」をアレンジ
だしたっぷりリゾット

ポテのスープを使った栄養たっぷりのおじや風リゾット。ごはんを入れて煮込むだけなので時間がないときにもぴったり。

材料（2人分）
ポテ（左ページ）の半量
米……1合（冷やご飯300gでもよい）
たまねぎ……½個
にんにく……1片
白ワイン、オリーブオイル……各少々
塩、こしょう……各少々
パルメザンチーズ（または粉チーズ）、パセリ
　……各適量

1　たまねぎとにんにくはみじん切りにする。
2　鍋にオリーブオイルを入れ、にんにくとたまねぎを炒める。米を洗わずに入れ、米が透明になったら白ワインをふってなじませる。ポテのスープを入れ、水けがほぼなくなり米がやわらかくなるまで煮る。塩とこしょうを混ぜて味を整える。
3　ポテの残りを入れて、全体をあえる。パルメザンチーズときざんだパセリをふる。

「ポテ」をアレンジ
フランス田舎風 スープパスタ

鍋ひとつでできる簡単スープパスタ。パスタは手で折って鍋に入れ、ポテと一緒に煮ます。素朴でほっとする味。

材料（2人分）
ポテ（左ページ）の半量
スパゲッティーニ……160g
オリーブオイル、パセリ……各少々
パルメザンチーズ（または粉チーズ）……適量

1　鍋にポテを入れて温める。
2　パスタを適当な長さに手で折って鍋に入れ、パスタに火がとおるまで強めの中火で煮る。
3　オリーブオイルをかけ、きざんだパセリとパルメザンチーズをのせる。

牛肉のプロヴァンス風煮込み

冷蔵3日間

トマトと白ワインで煮込むプロヴァンス地方の定番料理。牛肉は表面を焼き、肉の旨みを閉じこめます。豚肉や鶏肉、魚介などバリエーションも豊富。

材料（4人分）
牛ばら肉……600g
トマト……3個
たまねぎ……1個
にんにく……1片
白ワイン……½カップ
オリーブオイル……大さじ2½
オレンジの皮（5cm角）……1枚
タイム、パセリ……各少々
塩、こしょう……各小さじ½
オリーブオイル……適量

1. トマトは湯むきして種を取り、ざく切りする。たまねぎは薄切りにする。にんにく、オレンジの皮はみじん切りにする。牛肉に塩とこしょう（各小さじ1）をふる。
2. 鍋にオリーブオイルの半量を入れ、たまねぎをしんなりするまで炒める。にんにくとトマトを加え、水けが減るまで煮る。白ワインを入れ、5分ほど煮る。
3. フライパンにオリーブオイルの残りを入れ、表面全体に焼き色がつくまで牛肉を焼く。2の鍋に焼いた牛肉を入れ、塩とこしょう、タイム、オレンジの皮を混ぜる。アクを取りながら、弱火で1時間半ほど煮込む。塩とこしょう（分量外）を混ぜて味を整える。食べるときにみじん切りにしたパセリをちらす。

＊オレンジの皮を入れると肉のクセをやわらげ、爽やかな風味がつきます。オレンジ以外にレモンやライム、柚子など柑橘類を使います。

「牛肉のプロヴァンス風煮込み」をアレンジ
ビーフ・ホットサンド

トマト煮にからむ熱々のチーズがあとをひくおいしさ。肉の旨みをストレートに味わえるボリュームあるサンドイッチ。

材料（2人分）
牛肉のプロヴァンス風煮込み（左ページ）
　……160g
食パン（6枚切り）……4枚
溶けるスライスチーズ……2枚
バター……大さじ1
ディジョン・マスタード……大さじ1弱
ピクルス（好みで）……適量

1　食パン2枚にバターをぬり、もう2枚にはマスタードをぬる。
2　バターをぬったパンとマスタードをぬったパンで、牛肉とチーズ、ピクルスをはさむ。
3　ホットサンドメーカーで焼き、半分に切る。

「牛肉のプロヴァンス風煮込み」をアレンジ
牛肉のピラフ

牛肉の煮込みをバターライスになじませるように仕上げます。コクのある味わいをトマトが爽やかにまとめます。

材料（2人分）
牛肉のプロヴァンス風煮込み（左ページ）
　……200g
ご飯……150g（冷やご飯でもよい）
バター……大さじ1
ケチャップ……小さじ1
パセリ……少々
塩、こしょう……各小さじ½
パルメザンチーズ（または粉チーズ）……適量

1　牛肉は食べやすい大きさに切る。鍋にご飯とバターを入れて火にかけ、ごはんにバターをからませる。
2　牛肉を入れ、塩とこしょう、ケチャップを混ぜる。パセリとパルメザンチーズをふる。

ブルーチーズ・ラザニア

冷蔵3日間

ブルーチーズを使った大人のラザニア。ボディのある赤ワインによく合います。どちらのソースも冷凍保存できるので、多めに作るとさまざまな料理に使えます。

材料（4人分）
ミートソース（p.36）……約300g
ベシャメルソース（p.36）……約200g
ブルーチーズ……60g
ピザ用チーズ……150g
ラザニア用パスタ……4枚
バター、黒こしょう……各適量

1　ミートソース、ベシャメルソースを作る。ブルーチーズは1cm角に切る。
2　耐熱皿にバターを薄くぬる。容器に合わせてラザニアを割って敷く。その上に半量のミートソース、半量のベシャメルソース、半量のブルーチーズの順に重ねる。残りを同様にしてさらに重ねる。ピザ用チーズを上にのせる。
3　200℃のオーブンで、焼き色がつくまで20分ほど焼く。食べるときに黒こしょうをふる。

＊ゆでるタイプのラザニアを使うときは、手順2のあとで一晩おいてなじませてから焼きます。

第3章

デザートの作りおき

最後のデザートでおうちフルコースが完成。フランスの定番デザートにアレンジを加え、気軽に作れるものばかりです。おもてなしで歓声があがるような素敵なレシピを紹介します。

ぶどうのスムージー

冷凍1週間

ぶどうの果実味と自然な甘さを活かしたスムージー。お酒がNGなら炭酸水にします。フローズンカクテル風にグラスに入れても素敵です。

材料（5〜6人分）
ぶどう……400g
グラニュー糖……大さじ3＋小さじ1
スパークリングワイン（または炭酸水）
　　……⅔カップ

1. ぶどうは冷凍庫で凍らせておく。
2. 少し解凍して外側がやわらかくなったぶどうをミキサーに入れる。グラニュー糖、スパークリングワイン（または炭酸水）と一緒になめらかになるまで撹拌する。

ほうじ茶のブランマンジェ

冷蔵5日間

牛乳と生クリームがベースのブランマンジェに、ほうじ茶を加えて和風テイストに。
お茶の香ばしい香りとほろ苦さが絶妙にマッチします。

材料（50ml容器10個分）
牛乳……2カップ
生クリーム……½カップ
グラニュー糖……⅓カップ
ゼラチン……6g
ほうじ茶……小さじ½弱

1 ゼラチンは冷水でもどす。
2 鍋にゼラチン以外の材料をいれて火にかけ、沸騰する直前で火を止める。
3 温かいうちにもどしたゼラチンを入れ、よく溶かす。
4 3をこし、器に入れて冷蔵庫で冷やし固める。ほうじ茶少々（分量外）をふる。

＊冷やすときに容器にふたをすると空気がはいらず、よりきれいな仕上がりになります。

プティ・ポ

冷蔵5日間

プティ・ポは「小さい壺」のこと。壺のような容器で蒸し焼きにするフランスの伝統的なデザートです。プリンよりやわらかく、やさしい甘さで食べあきません。

材料（8人分）
牛乳……2カップ
生クリーム……1/2カップ
グラニュー糖……1/3カップ
卵黄……4個
バニラエッセンス……3滴

1 鍋に牛乳と生クリームを入れて火にかけ、沸騰する直前で火を止める。

2 ボウルに卵黄、グラニュー糖、バニラエッセンスを入れ、ハンドミキサーなどで白っぽくなるまで攪拌する。

3 2に1を少しずつ混ぜながら入れていき、冷めるまでおいておく（表面に浮いた泡を取りのぞき、目の細かい布などでこしてから容器に入れると仕上がりがよりきれいになる）。冷めたら耐熱容器に入れる。

4 バットに湯を張り、タオルを敷く（すべり止めと湯の温度が高くなりすぎないようにする）。タオルの上に容器を置き、アルミホイルでふたをする。180℃のオーブンで30分蒸し焼きする。

5 バットから容器を取りだして冷蔵庫で冷やす。食べるときに、温めた牛乳をブレンダーで泡立てて上にのせてもよい。

ファーブルトン

冷蔵1週間

ブルターニュ地方の伝統菓子で、もちもちの食感とこっくりしたカスタードクリームがやみつきに。混ぜて焼くだけで簡単にできます。小さく焼いてプレゼントにも。

材料（内径5cmのプリン型10個分）
牛乳、生クリーム……各1¼カップ
グラニュー糖……⅓カップ
卵……2個
薄力粉……大さじ3弱
無塩バター……大さじ1
塩……ひとつまみ
バニラエッセンス……3滴
抹茶パウダー……大さじ1弱
クッキー（砕いたもの）……大さじ1

1　鍋に牛乳、生クリーム、バターを入れて火にかけ、沸騰する直前で火を止める。
2　ボウルに卵、グラニュー糖、塩、バニラエッセンスを入れ、ハンドミキサーなどで白っぽくなるまで攪拌する。ふるった薄力粉を入れ、粉っぽさがなくなるまで3分ほどさらに攪拌する。
3　2に1を少しずつ混ぜながら入れていき、冷めるまでおいておく。表面に浮いた泡を取りのぞき、目の細かい布などでこす。
4　容器の内側にバターをぬり、3の生地を入れる。
5　200℃のオーブンで20分焼く。粗熱が取れたら冷蔵庫で冷やす。仕上げに抹茶パウダーと砕いたクッキーをふりかける。

アップルパイのシナモン風味

冷蔵6日間

シナモンが香る、ころんとしたかわいいアップルパイ。焼いたりんごを丸く包んで焼きます。熱々でも冷やしてもお好みで。

材料（6人分）
りんご……2個
グラニュー糖……大さじ3＋小さじ1
無塩バター……大さじ2½
卵黄……1個
シナモン……小さじ2
パイシート（冷凍）……1枚
ブランデー……少々

1. りんごは皮と芯を取りのぞき、5mmの薄切りにする。鍋にバターを入れて火にかけ、りんご、グラニュー糖を入れて焼く。りんごに焼き色がついたら火を止め、シナモンを混ぜる。粗熱が取れたら6等分にする。
2. ボウルに卵黄とブランデーを入れ、なめらかになるまで混ぜ合わせる。
3. パイシートを解凍する。シートを6等分に切り、りんごを包めるくらいに伸ばす。
4. りんごをパイで包み、表面に2をぬる。200℃のオーブンで20分ほど焼く。

＊バニラアイスクリームを添えると、おもてなしの一皿に。

ガトーショコラ

ガトーショコラ：冷蔵1週間
クリームチーズ・ムース：冷蔵3日間

小麦粉を使わず、ガナッシュのようにしっとり濃厚な仕上がり。チーズのムースを添えて、本格的なデザートが完成。

材料（内径5cmのプリン型6個分）
クーベルチュール（板チョコでもよい）
　……50g
無塩バター……大さじ3⅔
卵……1個
グラニュー糖……小さじ5＋小さじ5
クリームチーズ……100g
生クリーム……½カップ

1. クリームチーズを常温にもどす。ボウルにチョコレート、バター、グラニュー糖（小さじ5）を入れ、湯せんして溶かす。
2. 別のボウルに卵を入れ、湯せんしながら攪拌する。1、2とも人肌くらいの温度にする。
3. 大きなボウルに1と2を入れる。へらでしっかり混ぜる（生地をへらで持ちあげたとき、糸状に流れ落ちるようになるまで混ぜる）。
4. 容器の内側にバター（分量外）をぬる。生地を入れて、200℃のオーブンで10分焼く。粗熱が取れたら冷蔵庫で冷やす。
5. クリームチーズ・ムースを作る。生クリームにグラニュー糖（小さじ5）を入れて角が立つまで泡立てる。常温にもどしたクリームチーズとよく混ぜ合わせる。ガトーショコラにクリームチーズ・ムースを添える。

＊1と2を合わせるとき、1のほうの温度が高いと分離するので注意します。分離したら、氷水を入れたボウルにあてて冷やすとまた混ざります。

グレープフルーツとオレンジのコンポート

冷蔵3週間

ピンクとオレンジの彩りがきれいなコンポート。保存がきくので多めに作ってほかのデザートと組み合わせると華やかな一皿に。よく冷やしていただきます。

材料（5〜6人分）
ピンクグレープフルーツ……2個
オレンジ……2個
レモン……1個
水……200cc
グラニュー糖……180g

1 グレープフルーツは上と底の部分を水平に少し切り落とす。皮と果肉のあいだに包丁を入れ、グレープフルーツを回しながら、上から下に向かってらせんを描くようにして外皮をむく。同様にして内側の白い部分もむく。むいたら、房をひとつずつ切り離し、残っている薄皮をむく。オレンジもグレープフルーツと同様にして外皮と内側の白い部分を取りのぞく。薄皮を除いて、5mm幅の輪切りにする。

2 グレープフルーツとオレンジの外皮に白い部分がついていたら包丁で切りはずし、ごく細い千切りにする。レモンは薄切りにする。

3 シロップを作る。鍋に水とグラニュー糖を入れて沸かし、グラニュー糖を溶かす。熱いうちにグレープフルーツと千切りにした皮、レモンを入れて自然に冷ます。冷めたら冷蔵庫に入れる。

＊果物がシロップに浸かるように保存します。

第4章

ソースの作りおき

料理にかけたり添えたりするだけで味が決まるソースは、作りおきのお役立ち素材。主菜や副菜のアレンジにも使いやすいソースを集めました。

バルサミコ・ソース

冷蔵2週間

煮つめたバルサミコ酢にフォン・ド・ヴォーを合わせた芳醇なソース。サラダやカルパッチョ、魚や肉のソテー、ステーキなど、かけるだけで料理がグレードアップします。

材料（できあがり分量約200g）
バルサミコ酢……250g
フォン・ド・ヴォー（缶）……¼カップ
醤油……大さじ½
ディジョン・マスタード……小さじ1
塩、こしょう……各小さじ½
片栗粉……適量

1 鍋にバルサミコ酢を入れて火にかけ、中火にして⅔ほどの量になるまで（約7分）煮つめる。
2 フォン・ド・ヴォー、醤油を入れ、さらに3分ほど煮つめる。
3 火を止めて塩とこしょうを混ぜ、マスタードを溶かすようになじませる。片栗粉でとろみをつける。

ラヴィゴット・ソース

冷蔵1週間

フランス語で「元気が出る」を意味するソース。たっぷりのハーブで味も見た目も爽やか。サラダやカルパッチョなどには冷やして、魚や肉のソテーなどには温めて使います。

材料（できあがり分量約340g）
エシャロット（またはたまねぎ）のみじん切り……60g
ケイパー……30g
イタリアンパセリ（みじん切り）……大さじ3弱
タラゴン……小さじ4
白ワインビネガー……大さじ4
オリーブオイル、サラダ油……各½カップ
ディジョン・マスタード……小さじ1⅓

すべての材料をミキサーに入れ、全体が均一に混ざるまで撹拌する。

ヴィネグレット・ソース

冷蔵2週間

ヴィネグレットはいちばん基本的なソースで、「フレンチ・ドレッシング」と呼ばれることもあります。ハーブやマスタードを加えるなどアレンジもしやすく、常備すると便利なソースです。

材料（できあがり分量約230g）
オリーブオイル……2/3カップ弱
はちみつ……大さじ2
白ワインビネガー、りんご酢……各小さじ5
塩、こしょう……各小さじ1/2

1　ミキサーに白ワインビネガー、りんご酢、はちみつ、塩とこしょうを入れ、全体が均一に混ざるまで攪拌する。
2　オリーブオイルを糸のように少しずつ垂らしながら回しかける。塩とこしょう（分量外）で味を整える。

フュメ・オリーブオイル

開封前：常温1年　開封後：常温2カ月

Restaurant MAEKAWA特製の燻製オリーブオイル。りんごのスモークウッドでゆっくりと燻し、オイルに香りを閉じこめました。
そのままパンにつけて、あるいはサラダや魚・肉料理にかけるとりんごウッドの香りがふわっと広がり、料理もいっそう引きたちます。醤油やポン酢など、ほかの調味料を加えてオリジナルのドレッシングやソースにも簡単にアレンジできます。
牡蠣のコンフィ（p.53）のオイルに使うと、より風味ある仕上がりになります。

問い合わせ先はp.104

「ヴィネグレット・ソース」を使って

しめさばとベビーリーフのサラダ

シンプルな味つけで素材を引きたてるヴィネグレットは万能のドレッシング。
しめさばなど酸味のきいた食材と野菜を爽やかにまとめます。

材料（2人分）
さば（刺身用）……100g
ベビーリーフ……1パック（約100g）
赤、黄パプリカ……各½個
ヴィネグレット・ソース（p.91）……大さじ2
白ワインビネガー、酢……各大さじ3

1 さばの身の両面に、まんべんなく塩（分量外）をふる。そのまま10分おく。塩を洗い流して水をしっかり取る。

2 しめ酢用の白ワインビネガーと酢を混ぜる（酸味が強すぎたら砂糖を足して、少し甘いくらいに調整する）。

3 バットにしめたさばを皮側を上にして置き、身の周囲にしめ酢を流す。1時間以上漬け、5mm幅に切る。漬けたあとで皮のみあぶってもよい（香ばしさが出る）。

4 器にしめさば、1cmの棒状に切ったパプリカ、ベビーリーフを盛る。ヴィネグレット・ソースをかける。

「フュメ・オリーブオイル」を使って

鯛のカルパッチョ

燻製オリーブオイルでカルパッチョがより味わい深く。醤油を加えて和風テイストに。スズキや平目、帆立など白身の魚介によく合います。

材料（4人分）
鯛（刺身用）……280g
フュメ・オリーブオイル（p.91）……¼カップ
醤油……小さじ1
塩……小さじ½
砂糖……小さじ¼
こしょう……少々
みょうがのピクルス、野菜のハーブ漬け（各p.15）、ベビーリーフ……各適量
焼きなすのタプナード（p.31）……小さじ1

1. 塩と砂糖を混ぜておく。鯛は5mm幅の薄切りにする。
2. ボウルに醤油を入れ、少しずつフュメ・オリーブオイルを混ぜて乳化させる。
3. バットに塩と砂糖を混ぜたものの半量をちらす。上に鯛を並べて、残りの塩と砂糖をかける。ラップをかけて冷蔵庫に30分ほどおく。水けが出たらしっかり取る。
4. 器に刺身を盛り、上から乳化させたフュメ・オリーブオイルをかける。こしょうをふる。みょうがのピクルス、野菜のハーブ漬け、ベビーリーフ、焼きなすのタプナードを添える。

レムラード・ソース

冷蔵1週間

マヨネーズにケイパーやマスタード、ハーブなどを加えたフランスの定番ソース。濃厚で爽やかな味が特徴です。オードブルから主菜までさまざまな料理に。

材料（できあがり分量約260g）
オリーブオイル……1⅓カップ
きゅうりのピクルス（市販のもの）……20g
ケイパー……大さじ1
アンチョビペースト……小さじ1
卵黄……2個
白ワインビネガー、ディジョン・マスタード
　……各小さじ1
塩、こしょう……各小さじ½
ディル、パセリ（みじん切り）……各小さじ2

1　ボウルに卵黄を入れ、塩とこしょうを混ぜて攪拌する。もったりしてきたら白ワインビネガーを混ぜる。
2　オリーブオイルを糸のように少しずつ垂らしながら回しかける。塩とこしょう（分量外）で味を整える。
3　きざんだピクルス、ケイパー、アンチョビペースト、ディル、パセリを入れる。

アイオリ・ソース

冷蔵3週間

にんにくの風味がきいたマヨネーズ・ソース。ゆで野菜のディップや白身魚など淡白な食材のソースにしたり、サラダやサンドイッチに加えたりと幅広く使えます。

材料（できあがり分量約270g）
オリーブオイル……1⅓カップ
卵黄……2個
にんにく……½片
白ワインビネガー、ディジョン・マスタード
　……各小さじ1
塩、こしょう……各小さじ½

1　にんにくはすりおろす。ボウルに卵黄、塩とこしょう、マスタードとにんにくを入れて攪拌する。全体が均一になったら、白ワインビネガーを混ぜ合わせる。
2　1を混ぜつづけながら、オリーブオイルを糸のように少しずつ垂らして加えていく。全体をなめらかに混ぜ合わせ、塩とこしょう（分量外）で味を整える、マヨネーズくらいの硬さになればできあがり。

エスカルゴ・バター

冷蔵1週間

赤たまねぎとディルを入れた特製エスカルゴ・バター。筒状にして冷蔵しておくと、使うぶんだけカットできて便利。魚介や肉料理など入れるだけで味が決まります。

材料（できあがり分量約270g）
無塩バター……200g
ディル……50g
赤たまねぎ……¼個
にんにく……1片
塩、こしょう……各小さじ½

1 バターは室温にもどしてやわらかくしておく。赤たまねぎはみじん切りにする。にんにくはすりおろす。
2 フードプロセッサーに1とディル、にんにく、塩とこしょうを入れ、均一に混ざるまで攪拌する。

＊フードプロセッサーを使わない場合は、大きなボウルにすべての材料を入れ、やさしく混ぜ合わせます（アンチョビ・バターも同様です）。

アンチョビ・バター

冷蔵1週間

アンチョビとにんにくの風味でランクアップ。野菜、魚、肉料理とさまざまに使えます。エスカルゴ・バターと同様にアルミホイルで筒状に整えて冷蔵保存します。

材料（できあがり分量約250g）
無塩バター……200g
アンチョビ……25g
たまねぎ……¼個
にんにく……1片
塩、こしょう……各小さじ½

1 バターは室温にもどしてやわらかくしておく。アンチョビ、たまねぎ、にんにくはそれぞれみじん切りにする。
2 フードプロセッサーにすべての材料を入れ、均一に混ざるまで攪拌する。

「レムラード・ソース」を使って

チキンカツレツ

マスタードやハーブなど奥深い味わいのレムラードで、ふだんのおかずも おもてなしに。揚げたて熱々のカツレツに、たっぷりとソースをかけて。

材料（1人分）
鶏もも肉……200g
レムラード・ソース（p.94）……大さじ1
薄力粉、パン粉……各大さじ1
溶き卵……½個分
塩、こしょう……各小さじ½
サラダ油……適量
キャロットラペ（p.19）……適量

1 鶏肉の両面に塩とこしょうをすりこむ。
2 小麦粉、溶き卵、パン粉の順に鶏肉の全体につける。
3 油を180℃に熱して2を入れ、表面がこんがりするまで揚げる。
4 油をきり、食べやすく切る。熱いうちにレムラード・ソースをかける。キャロットラペを添える。

「アイオリ・ソース」を使って

海老フライと野菜のフライ、アイオリ・ソース添え

フライとアイオリ・ソースは相性抜群。にんにくのアクセントがきいたソースで、食べる手が止まりません。野菜はお好みのもので。ワインとの相性もよし。

材料（1人分）
海老（殻つき）……2尾
かぼちゃ（5mm幅のくし形に切る）……1切れ
オクラ……1本
れんこん（5mm幅に切り、さらに半分に切る）
　……1切れ
アイオリ・ソース（p.94）……大さじ2
薄力粉、パン粉……各大さじ2
溶き卵……1個分
パセリ（みじん切り）……小さじ1
サラダ油……適量

1 海老は背ワタを取り、頭と尾側の1節を残して殻をむく。野菜はそれぞれ切る。オクラは板ずりして産毛を取る。
2 小麦粉、溶き卵、パン粉の順に海老と野菜の全体につける。油を180℃に熱して1を入れ、表面がこんがりするまで揚げる。
3 油を切って器に盛り、アイオリ・ソースを添える。パセリのみじん切りをちらす。

おわりに

　これは、私にとって初めての本です。
　毎日店でお客様に料理を作っていますが、また違った目線で作り方を考えるのは未知の体験で苦労もありました。けれどもそのなかで新たな気づきもありました。それは少し日をおいたほうが、よりいっそうおいしくなる料理もあるということです。
　たとえばご紹介した野菜のコンソメスープは、たくさん作れば和食のだしのようにさまざまな料理のベースになります。もちろんスープでもおいしいですが、「フレンチだし」としても使えて、調味料や食材のアレンジしだいで煮物やリゾット、パスタなどもできます。牛肉のプロヴァンス風煮込みなら、2日目はスパイスを加えてカレー風にしてもおいしいものです。ぜひレシピをもとに自由な発想で新しい味に挑戦してみてください。

　本が完成するまで多くの方にお世話になりました。本の企画を持ちかけてくれたくびら出版の髙橋俊さん、忙しいなかで撮影の準備を手伝ってくれた加藤裕世さん、さまざまなレシピをまとめてくれた編集の川上純子さん、おいしそうな写真を撮ってくれたカメラマンの山形秀一さん、素敵な本にしてくれたデザイナーの三木和彦さんと林みよ子さん。休日返上で本を作っているあいだ応援してくれた家族、そしてなにより読んでくださった方々に感謝します。
　この本をきっかけに皆様の食卓や生活がよりよいものになれば、著者としても料理人としてもこれほどうれしいことはありません。

2018年2月
前川純一

素材別索引

野菜・きのこ

アスパラガス
タラのバスク風　60
鶏もも肉のガランティーヌ　71
バスク風スパゲティーニ　61

いんげん豆
栗とくるみとたまねぎの軽い煮込み　43

オクラ
海老フライと野菜のフライ、アイオリ・ソース添え　97
白身魚のポシェ、アイオリ・ソース　66

かぶ
だしたっぷりリゾット　77
フランス田舎風スープパスタ　77
ポテ　76

かぼちゃ
海老フライと野菜のフライ、アイオリ・ソース添え　97

カリフラワー
ギリシャ風野菜のマリネ　12
小海老とギリシャ風野菜のマリネ　22

きのこ
きのこのオイルマリネ　13
きのこマリネのオイルパスタ　23
サーモンのクリーム煮　64
サーモンの豆乳鍋仕立て　65

キャベツ
だしたっぷりリゾット　77
フランス田舎風スープパスタ　77
ポテ　76
紫キャベツのマリネ　13

きゅうり
きゅうりのサラダ、スパイスクリームあえ　20

グリーンピース
海老のナージュ、ハーブの香りで　51
プティ・ポワ・フランセ　43

じゃがいも
アッシェ・パルマンティエ　36
アンチョビ入りポテトサラダ　20
キッシュ風野菜オムレツ　56
クラムチャウダー　26
ジャーマンポテト　39
白身魚のポシェ、アイオリ・ソース　66
だしたっぷりリゾット　77
チキンシチュー　73
手羽先とじゃがいものコンフィ、ローズマリー風味　68

鶏もも肉のガランティーヌ　71
フランス田舎風スープパスタ　77
ブランダード　30
ポタージュ・ボン・ファム　27
ポテ　76
ポテトサラダと紫キャベツのバゲットサンド　23
野菜のコンソメスープ　24

ズッキーニ
白身魚のポシェ、アイオリ・ソース　66
ズッキーニの香草パン粉焼き　35
野菜のハーブ漬け　15
ラタトゥイユ　35

大根
大根のコンソメ煮　40

たまねぎ
エスカベッシュ　47
エスカルゴ・バター　95
カルボナード　69
キッシュ風野菜オムレツ　56
牛肉のプロヴァンス風煮込み　78
クラムチャウダー　26
栗とくるみとたまねぎの軽い煮込み　43
パプリカのビネガー漬け　16
プティ・ポワ・フランセ　43
ポークソテー、ピクルスと白ワインのソース　74
ポタージュ・ボン・ファム　27
ポテ　76
野菜のコンソメスープ　24
野菜のハーブ漬け　15
ラタトゥイユ　35

トマト
アッシェ・パルマンティエ　36
海老のナージュ、ハーブの香りで　51
オリーブとトマトのハーブサラダ　22
ガスパチョとカッペリーニ　25
牛肉のピラフ　79
牛肉のプロヴァンス風煮込み　78
スパイスミートボールのトマト煮込み　55
トマトのプロヴァンス風　45
ビーフ・ホットサンド　79
ブルーチーズ・ラザニア　80
モッツァレラチーズとバジル、トマトジュレがけ　32
ラタトゥイユ　35
わさび風味トマトサラダ　19

長いも
長いものソテー、ローズマリー風味　39

長ねぎ
サーモンの豆乳鍋仕立て　65

ジャーマンポテト　39
長ねぎのグラタン　37

なす
白身魚となす、トマトの香草オーブン焼き　63
なすのバルサミコ煮　41
焼きなすのタプナード　31

にんじん
アッシェ・パルマンティエ　36
キャロットラペ　19
ギリシャ風野菜のマリネ　12
クラムチャウダー　26
小海老とギリシャ風野菜のマリネ　22
コック・オ・ヴァン　72
白身魚のポシェ、アイオリ・ソース　66
だしたっぷりリゾット　77
チキンシチュー　73
フランス田舎風スープパスタ　77
ブルーチーズ・ラザニア　80
ポタージュ・ボン・ファム　27
ポテ　76
野菜のコンソメスープ　24

パプリカ
エスカベッシュ　47
魚介と豚肉のスペイン風煮込み　61
ギリシャ風野菜のマリネ　12
小海老とギリシャ風野菜のマリネ　22
しめさばとベビーリーフのサラダ　92
タコとパプリカ、ラヴィゴット・ソースあえ　48
タラのバスク風　60
バスク風スパゲティーニ　61
パプリカのビネガー漬け　16
フランス田舎風スープパスタ　77
焼きパプリカとセミドライトマトの煮込み　33
野菜のハーブ漬け　15
ラタトゥイユ　35

ブロッコリー
キッシュ風野菜オムレツ　56
白身魚のポシェ、アイオリ・ソース　66
鶏ハムのツナ・ソース　55
ポークソテー、ピクルスと白ワインのソース　74

ベビーリーフ
塩豚ボイル、マスタード風味バルサミコ・ソース　58
しめさばとベビーリーフのサラダ　92
鯛のカルパッチョ　93

ほうれん草
サーモンの豆乳鍋仕立て　65

ミニトマト
海老のナージュ、ハーブの香りで　51

キッシュ風野菜オムレツ　56
白身魚となす、トマトの香草オーブン焼き　63
トマトとみょうがのピクルス　15
ポークソテー、ピクルスと白ワインのソース　74
モッツァレラチーズとバジル、トマトジュレがけ　32
焼きパプリカとセミドライトマトの煮込み　33

みょうが
トマトとみょうがのピクルス　15

れんこん
ギリシャ風野菜のマリネ　12
小海老とギリシャ風野菜のマリネ　22
れんこんの柚子漬け　16

果物

オレンジ
グレープフルーツとオレンジのコンポート　88

グレープフルーツ
グレープフルーツとオレンジのコンポート　88

ぶどう
ぶどうのスムージー　82

柚子
れんこんの柚子漬け　16

りんご
アップルパイのシナモン風味　87
サーモンとカマンベールチーズ、りんごのグラタン　65

レモン
グレープフルーツとオレンジのコンポート　88
牡蠣のコンフィ　53
ギリシャ風野菜のマリネ　12

魚介

あさり
あさりのフラン、ロワイヤル仕立て　50
海老のナージュ、ハーブの香りで　51
クラムチャウダー　26
タラのバスク風　60
バスク風スパゲティーニ　61

アジ
エスカベッシュ　47

イカ
イカのタプナードあえ、しそ風味　47
タコとイカのアンチョビ・バターソテー　67

海老
海老のナージュ、ハーブの香りで　51
海老フライと野菜のフライ、アイオリ・ソース添え　97
小海老とギリシャ風野菜のマリネ　22

牡蠣
牡蠣のコンフィ　53

鮭
サーモンとカマンベールチーズ、りんごの
　グラタン　65
サーモンのクリーム煮　64
サーモンの豆乳鍋仕立て　65

さば
しめさばとベビーリーフのサラダ　92

白身魚
刺身の生ハム締め　49
白身魚のポシェ、アイオリ・ソース　66

鯛
鯛のカルパッチョ　93

タコ
魚介と豚肉のスペイン風煮込み　61
タコとイカのアンチョビ・バターソテー　67
タコとパプリカ、ラヴィゴット・ソースあえ
　48

タラ
タラのバスク風　60
バスク風スパゲティーニ　61
ブランダード　30

帆立
帆立のエスカルゴ・バター焼き　52

肉

牛肉
カルボナード　69
牛肉のピラフ　79
牛肉のプロヴァンス風煮込み　78
ビーフ・ホットサンド　79

ソーセージ
だしたっぷりリゾット　77
フランス田舎風スープパスタ　77
ポテ　76

鶏肉
コック・オ・ヴァン　72
チキンカツレツ　96
チキンシチュー　73
チキンのチーズ焼き　73
手羽先とじゃがいものコンフィ、ローズマリー
　風味　68
鶏ハムのツナ・ソース　55
鶏もも肉と切り干し大根のトマト煮　71
鶏もも肉のガランティーヌ　71
鶏レバーと砂肝のコンフィ　57

生ハム
刺身の生ハム締め　49
生ハムのクリームディップ　31

ひき肉
アッシェ・パルマンティエ　36
スパイスミートボールのトマト煮込み　55
ブルーチーズ・ラザニア　80

豚肉
魚介と豚肉のスペイン風煮込み　61
塩豚ボイル、マスタード風味バルサミコ・
　ソース　58
だしたっぷりリゾット　77
豚肉のリエット　30
豚ばら肉のココナツ煮、スパイス風味　75
フランス田舎風スープパスタ　77
ポークソテー、ピクルスと白ワインのソース
　74
ポテ　76

ベーコン
キッシュ風野菜オムレツ　56
クラムチャウダー　26
コック・オ・ヴァン　72
ジャーマンポテト　39
だしたっぷりリゾット　77
プティ・ポワ・フランセ　43
フランス田舎風スープパスタ　77
ポテ　76

穀類

ごはん
牛肉のピラフ　79
だしたっぷりリゾット　77

パスタ
ガスパチョとカッペリーニ　25
きのこマリネのオイルパスタ　23
バスク風スパゲティーニ　61
フランス田舎風スープパスタ　77
ブルーチーズ・ラザニア　80

パン
ビーフ・ホットサンド　79
ポテトサラダと紫キャベツのバゲットサンド
　23

卵・乳製品

牛乳
あさりのフラン、ロワイヤル仕立て　50
クラムチャウダー　26
ファーブルトン　85
プティ・ポ　84
ブランダード　30
ほうじ茶のブランマンジェ　83
ポタージュ・ボン・ファム　27

卵
アイオリ・ソース　94
あさりのフラン、ロワイヤル仕立て　50

アップルパイのシナモン風味　87
アンチョビ入りポテトサラダ　20
キッシュ風野菜オムレツ　56
レムラード・ソース　94

チーズ
アッシェ・パルマンティエ　36
海老のポテトグラタン　63
ガトーショコラ　87
キッシュ風野菜オムレツ　56
サーモンとカマンベールチーズ、りんごの
　グラタン　65
チキンのチーズ焼き　73
長ねぎのグラタン　37
ビーフ・ホットサンド　79
ファーブルトン　85
プティ・ポ　84
ブルーチーズ・ラザニア　80
モッツァレラチーズとバジル、トマトジュレ
　がけ　32

生クリーム
ガトーショコラ　87
キッシュ風野菜オムレツ　56
きゅうりのサラダ、スパイスクリームあえ　20
サーモンのクリーム煮　64
生ハムのクリームディップ　31
ファーブルトン　85
プティ・ポ　84
ブランダード　30
ほうじ茶のブランマンジェ　83

ヨーグルト
きゅうりのサラダ、スパイスクリームあえ　20

加工品

アンチョビ
アンチョビ入りポテトサラダ　20
アンチョビ・バター　95
イカのタプナードあえ、しそ風味　47
海老のポテトグラタン　63
白身魚となす、トマトの香草オーブン焼き　63
焼きなすのタプナード　31
レムラード・ソース　94

オリーブ
イカのタプナードあえ、しそ風味　47
オリーブとトマトのハーブサラダ　22
オリーブのマリネ　12
焼きなすのタプナード　31

切り干し大根
鶏もも肉と切り干し大根のトマト煮　71

栗（甘露煮）
栗とくるみとたまねぎの軽い煮込み　43

ケイパー
イカのタプナードあえ、しそ風味　47

ポークソテー、ピクルスと白ワインのソース
　74
焼きなすのタプナード　31
ラヴィゴット・ソース　90
レムラード・ソース　94

ココナツミルク
豚ばら肉のココナツ煮、スパイス風味　75

昆布
鶏もも肉と切り干し大根のトマト煮　71
野菜のコンソメスープ　24

ツナ
鶏ハムのツナ・ソース　55

豆乳
サーモンの豆乳鍋仕立て　65

ピクルス
レムラード・ソース　94

干し椎茸
野菜のコンソメスープ　24

その他

ゼラチン
ほうじ茶のブランマンジェ　83
モッツァレラチーズとバジル、トマトジュレ
　がけ　32

小麦粉
アッシェ・パルマンティエ　36
アップルパイのシナモン風味　87
エスカベッシュ　47
カルボナード　69
クラムチャウダー　26
タラのバスク風　60
ファーブルトン　85
ブルーチーズ・ラザニア　80

チョコレート
ガトーショコラ　87

ナッツ類
栗とくるみとたまねぎの軽い煮込み　43
鶏もも肉のガランティーヌ　71

パン粉
白身魚となす、トマトの香草オーブン焼き　63
ズッキーニの香草パン粉焼き　35
トマトのプロヴァンス風　45
長いものソテー、ローズマリー風味　39
長ねぎのグラタン　37

ビール
カルボナード　69

ほうじ茶
ほうじ茶のブランマンジェ　83

抹茶
ファーブルトン　85

[著者]
前川純一（まえかわ・じゅんいち）

京都・祇園のフランス料理店「Restaurant MAEKAWA」オーナーシェフ。京都中央卸売市場勤務を経て、京都の老舗フランス料理店で修業後に独立。京都をはじめとした各地のこだわりの食材を使い、和のエッセンスを活かした料理で人気が高い。

Restaurant MAEKAWA
〒605-0086 京都市東山区祇園縄手新橋西側
SPACE しんばし B1F

京阪線 三条駅／地下鉄東西線 三条京阪駅
京阪線 祇園四条駅より徒歩 5 分
TEL: 075-525-2217　不定休（要予約）

Restaurant MAEKAWA 特製
フュメ・オリーブオイル (p.91) は
ホームページより購入できます。
https://restaurantmaekawa.com/

アレンジ自在！簡単レシピで特別な一品に
シェフのフレンチ作りおき

2018 年 3 月 13 日　初版発行

著　者	前川純一
発行人	髙橋 俊
発行所	**くびら出版　株式会社スカイドッグエンタテインメント** 〒151-0053　東京都渋谷区代々木 2-26-1 第一桑野ビル 3F TEL 03-5304-5417　FAX 03-5304-5418 http://kubira-books.jp/
発売元	**サンクチュアリ出版** 〒113-0023　東京都文京区向丘 2-14-9 TEL03-5834-2507　FAX03-5834-2508 http://www.sanctuarybooks.jp/
企画・制作	有限会社リトルウイング
写　真	山形秀一
調理アシスタント	加藤裕世
編　集	川上純子（Letras）
デザイン	三木和彦、林みよ子（Ampersand works）
校　正	大瀧佳子
印　刷	中央精版印刷株式会社

ISBN 978-4-86113-330-5
© Junichi Maekawa 2018. Printed in Japan